# Stadt der Commonisten

Neue urbane Räume des Do it yourself

Andrea Baier
Christa Müller
Karin Werner

[transcript]

A	Allmende-Kontor 51 → 81	38	
	Alte Sorten	40	
	Annalinde 7 → 35	38	
	Arbeit	38	
	Architekturbiennale	38	
	Arrangement	38	
B	Bauern	41	
	Baumscheiben	41	
	Bausteln	41	
	Beete	42	
	Besetzung	41	
	Bibliothek	46	
	Bienen	41	
	Bildung	46	
	Bioplastic	48	
	Boden	41	
	Brachfläche	46	
	Bürgermeister	46	
C	Christopher Street Day	85	
	CNC-Fräse	84	
	Commons	46	
	Community	49	
	Container	49	
	Couchsurfing	49	
	Coworking	49	
	Crafting	49	
	Crowd	49	
	Culinary Misfits	84	
D	Demokratie	84	
	Dilettanten	84	
	Dinge	84	
	Dingfabrik	86	
	Documenta (13)	86	
	Do it yourself	86	
	Don't do it yourself	86	
	3D-Drucker	86	
E	Einkochen	89	
	Entrepreneur	89	
	Entschleunigung	86	
	Erdöl	89	
	Ernten	89	
F	Fablab	89	
	Facebook	91	
	Fahrende Gärten	91	
	Fashion Reloaded	91	
	Feiern	92	
	Freiraum	93	
	Firmengarten	90	
	Fürsorge	91	
G	Gartencafé	99	
	Gartencontainer	97	
	Gartendeck	95	
	Gartendinner	95	
	Gartenküche	99	
	Gartenumzug	95	
	Gentrifizierung	95	
	Gewächshäuser	94	
	Guerilla Gardening	95	
	Guerilla Knitting	153	
H	Habitus	153	
	Handwerk	153	
	Haus der Eigenarbeit	153	
	Heimat	153	
	Himmelbeet	153	
	Hochbeete	154	
	Hühner	157	
I	Improvisieren	157	
	Insektenhotel	156	
	Interkulturelle Gärten	157	
K	Kartieren	157	
	Kartoffel	159	
	Kartoffelkombinat	157	

Kinder	158
Kleidertausch	158
Knit Nite	160
Körper	158
Kollektivität	158
Kooperation	158
Kreativität	160
Kunst	158
Kuratieren	158
L Landraub	160
Lasercutter	160
Lastenfahrräder	160
Logo	160
M Maker	164
Medien	160
Mischkultur	162
Mobiler Anbau	163
Mobile Küche	162
Mundraub	164
N Nähcafé	167
Neuland	164
Nomaden	167
O Offene Räume	167
Offene Werkstätten	167
o'pflanzt is!	169
Open Design City	133 ⟶ 149 167
Outdoorküche	169
P Palette	169
Parkgaragendach	171
Performativität	169
Pflanzstelle	171
Postwachstum	171
Prinzessinnengarten	103 ⟶ 131 169
Q Queer	171
Querbeet	201 ⟶ 215 171
R Rausfrauen	173
Regenbogen	174
Reissack	173
Repair-Café	171
Retro	173
S Saatgut	173
Schrottregatta	185 ⟶ 199 176
Schwein	175
Siebdruck	176
Sommercamp	176
Stadtnatur	173
Stadtplanung	176
Subsistenz	176
T Teilen und Tauschen	176
Tetrapak	178
U Umdeuten	178
Umweltgerechtigkeit	178
Upcycling	178
Urban Gardening	178
Urbarmachung	181
W Weltwissen	178
Werkbox 3	183
Winter	182
Z Zwischennutzung	183

1

13

14

16

17

18

19

20

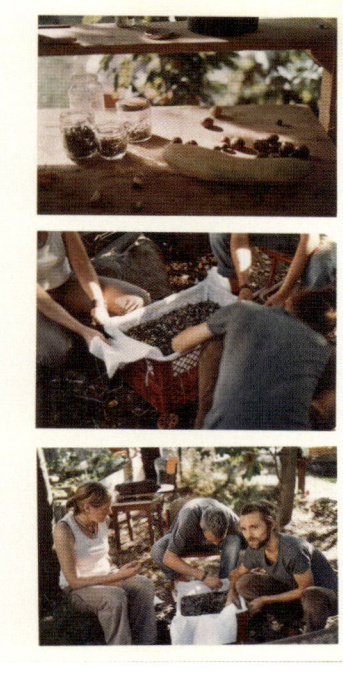

Annalinde

Leipzig

1 Ausblick auf den neuen Felsenkeller
2 Jakob Ottilinger, Mitbegründer Annalinde & IFZS
3 Paprika Pusztagold, Lauch, Erbsen
4 Eingang Annalinde am alten Felsenkeller
5 Mais
6 Cherrytomaten
7 Gurkengewächshaus
8 Sommerküche
9 Mooskrause Petersilie, Tomate Schönhagener Frühe
10 Bright Yellow, gelbstieliger Mangold
11 Rhubarb Chard, rotstieliger Mangold
12 Kartoffelernte mit dem Kindergarten
13 Tomatengewächshaus
14 Philipp Scharf, Dipl. Ing. Gartenbau (Annalinde & IFZS)
15 Bright Yellow, gelbstieliger Mangold
16 Gartendinner
17 Stefanie Müller-Frank, Journalistin (Annalinde & IFZS)
18 Ralph Niese
19 Matthias Giering, Koch Gartendinner
20 Einkochen
21 Georg „Juri" Rößler, Dipl. Ing. Gartenbau (Annalinde & IFZS)
22 Tamara aus dem Kindergarten
23 Eingekochtes: Tomaten, Gurken & Rettich
24 Gartendinner
25 Linda Noack, freiwillige Helferin
26 Café-Wagen *(Fiat 900 T)*
27 kleine Vierfelderwirtschaft: Mais, Milpa Mischkultur, Mangold & Himbeeren

A ⟶ C

Arrangement

Die materiellen Architekturen des DIY sind wandelbar. Ihre zeiträumliche und materielle Ordnung beruht auf dem Arrangement. Situationen und Atmosphären werden durch den schnellen und gekonnten Zugriff geformt: Beschaffen, Hinstellen, Zusammenfügen, Zurichten, Benutzen, Verschieben, Trennen. Im Mittelpunkt stehen dabei die Körper, um die herum und denen zugeneigt ▶ *Dinge* zu visuellen und haptischen Körperarchitekturen arrangiert werden. Vorläufige Angänge, Unabgeschlossenheit sind Programm. ●

Annalinde

Mobiler Gemeinschaftsgarten in Leipzig und ein Projekt der „Initiative für zeitgenössische Stadtentwicklung" (ifzs). Seit 2011 auf einem städtischen Grundstück im Leipziger Westen mit Zwischennutzungsvertrag ansässig. Gegründet von einem Sozial- und einem Medienpädagogen, die lieber in ihrer eigenen Institution arbeiten wollten. Bald kamen zwei Diplomingenieure für Garten- und Landschaftsbau dazu, die begeistert sind, hier ihr theoretisches Wissen praktisch erproben zu können. In einer konventionellen Gärtnerei, sagen sie, würden sie doch nur Paprika anbauen (oder Blumen oder Tomaten). Zum Schluss gesellte sich noch eine Journalistin zum Team. Jetzt sind sie fünf, alle unter 30 Jahre alt, und werden unterstützt von einer mehr oder weniger konstanten Gruppe von ca. 20 Personen.

Die Betreiber betonen die zentrale Rolle, die gemeinschaftlich bewirtschaftete Gemüsegärten für eine partizipative Stadtentwicklung spielen können, sie sind keine Stadtplaner_innen, wollen aber dennoch mitbestimmen, wie Urbanität am besten zu gestalten ist.

Der Garten befindet sich auf dem hinteren Grundstück einer ehemaligen Brauerei, die mit ihrer Gastronomie früher ein beliebtes Ausflugslokal der Leipziger Bevölkerung war. Von der stark befahrenen Straße führt eine große Freitreppe in das ca. 1700 m² große Idyll mit über 100 Hochbeeten, drei Gewächshäusern und einer Anbaufläche von 250 m². Weil die Betreiber ein Faible für die ästhetisch-künstlerische Dimension des Gemüseanbaus haben, wirkt der Garten wie eine Ausstellung: Die Pflanzkisten stehen nicht „einfach so" auf der Fläche, es handelt sich vielmehr um ein Gesamtkunstwerk, unter Berücksichtigung der Sonneneinstrahlung. Außerdem inszenieren sie die Eleganz von Gemüse in großen Einmachgläsern und nutzen nicht zufällig einen italienischen Eiswagen für das Gartencafé. Sie machen eben nicht nur Politik, sondern auch (Aktions-)Kunst. Sie bringen den Garten (mobil und tragbar) gelegentlich an andere Orte wie Ausstellungen oder Partys, geben den Räumen damit ein neues, überraschendes Gepräge und nutzen die räumliche Irritation, um neue Bevölkerungsgruppen für die verschiedenen Aspekte des urbanen Gartens zu interessieren.

Nach einer Saison auf kleiner Fläche und in mobilen Kisten machen sie 2013 ernst mit der urbanen Landwirtschaft und der lokalen Lebensmittelproduktion. Sie haben zusätzlich eine Nutzungsvereinbarung für den brachliegenden Bereich einer Gärtnerei und wollen in Zukunft größere Mengen von Gemüse „in echter Erde" produzieren. Dann wird wohl noch so manches Dinner im Garten stattfinden und manches Kunstevent von ihrem Catering profitieren, auch einige Laden- und Restaurantbesitzer haben schon ihr Interesse an biologisch und lokal produziertem Gemüse bekundet.
▶ *Urban Gardening* ●

⟶ www.ifzs.de

Architekturbiennale

Viele der urbanen Gärten werden aus gefundenen Materialien wie Europaletten, Containern, Holzfenstern aus Abbruchhäusern oder geschenkten Brettern gebaut. Während die bewusst dilettantisch agierenden Akteure im Umgang mit Industriebrachen und ausgemusterten Industriegütern experimentieren und ihre Räume kollektiv gestalten, reagieren auch die Profis auf die Herausforderungen der Zeit. Auf der 13. Architekturbiennale in Venedig verabschiedete der Kurator des deutschen Pavillons den Typus des Stararchitekten und forderte eine bescheidenere Architektur, die nicht abreißt, sondern an das Vorhandene anschließt und sich von ihm inspirieren lässt. Diese Programmatik namens „Reduce / Reuse / Recycle" wird in der Freestyle-Architektur der urbanen Gärten und Werkstatthäuser bereits umgesetzt. ▶ *Upcycling* ●

Arbeit

Arbeit — die (auch ethisch) so wichtige Schlüsselkategorie der abendländischen Moderne — wird im DIY-Kontext neu definiert als künstlerisch-schöpferisches In-der-Welt-Sein und Formen der Welt. Vor allem wird die protestantische Vorstellung auf den Kopf gestellt, dass der Einzelne der Welt mühsam und „im Schweiße seines Angesichts" knappe Ressourcen abtrotzen muss. Im Gegensatz dazu sieht man die Welt und ihre Möglichkeiten als Fülle. Während man früher „arbeitete", wird hier in erster Linie „gefunden", geerntet, kreiert, eingegriffen und frei genutzt. Die Welt wird als Möglichkeitsraum begriffen. Anstatt sie auszubeuten, legt man es darauf an, sie zu verstehen und mit ihr zu kooperieren. In diesem Sinne versteht man die Welt und sich selbst darin als ▶ *Commoner*.

Das bedeutet nicht, dass in den Projekten nicht viel gearbeitet würde oder dass es keine Mühe machte, sie zu initiieren und am Laufen zu halten. Das Gegenteil ist der Fall. Aber die Arbeit, die in den Gemeinschaftsgärten, Nähwerkstätten, Kartoffelkombinaten, Fab-Labs getan wird, ist eben Arbeit, die nützt, die sich dem Konsumprinzip entzieht und nicht im Dienste der Profitsteigerung steht. Gegen das implizite Programm industrieller Produktion, Menschen unzuständig zu machen (Gronemeyer 2012), erklären sich die Beteiligten in den Projekten für zuständig: für zeitgenössische Stadtentwicklung, für den Erhalt des Saatgutes, für die Erforschung postfossiler Mobilität, für den sorgsamen Umgang mit Ressourcen, für Fairness und Gerechtigkeit etc. ●

Allmende-Kontor

Dreizehn Berliner Garten- und Stadtaktivist_innen gründeten das Allmende-Kontor, um eine Anlaufstelle für urbane Gemeinschaftsgärten zu schaffen und ihre Verhandlungsposition gegenüber Stadtplanung und Verwaltung zu stärken. Das Kontor auf dem Tempelhofer Feld sollte zunächst als „Schaugarten" dienen, um die Idee urbanen Gärtnerns in der Stadtöffentlichkeit bekannter zu machen. Er entwickelte dann aber sehr schnell seine eigene Dynamik.

Das Tempelhofer Feld bietet seit 2011 Raum für „Pioniere", d.h. für innovative Projekte verschiedenen Typs. Das weite Areal des aufgegebenen Flughafens ist bei den Berliner_innen überaus beliebt. Sie nutzen es zur Durchquerung der Stadt und für ihre Freizeitgestaltung, insbesondere die ehemaligen Start- und Landebahnen werden von Radfahrern, Skateboard-Sportlern, Windsurfern bevölkert.

An dem in der Weite des Flugfelds klein wirkenden, tatsächlich aber 5000 m² großen Gemeinschaftsgarten beteiligen sich mittlerweile rund 700 Personen. Mit einem Aufruf im Frühling 2011 begann die Besiedlung. Das Team des Allmende-Kontors stellte Erde und Paletten für den Hochbeetebau zur Verfügung und zirkelte grob einige Zonen ab. Den Rest überließ man der Initiative der Teilnehmer. Praktisch im Handumdrehen entstand eine erste Ansiedlung, die sich dann kontinuierlich vergrößerte. Schon im Herbst musste beim Stand von 300 selbstgebauten Parzellen ein Baustopp verkündet werden. Seitdem gibt es eine Warteliste.

Die entstandene Architektur trägt so viele Handschriften, wie es Erbauer gibt. Und doch ist zu sehen, wie bestimmte Formen und materielle Problemlösungen immer wiederkehren. Die einzelnen Installationen sind oft aufeinander bezogen. Man antwortet und spiegelt einander. Daneben ist aber auch

A

39

↓

Alte Sorten

A

B

die Motivation erkennbar, ein individuelles Statement abzugeben, jedes Beet ist anders und besonders. Die Utensilien sind dem reich gefüllten Arsenal der Stadt entnommen. Man bedient sich Sperrmüll- und Retro-Artefakte, arbeitet mit Farbe, formt Hochsitze, Türme und Boote, hisst Flaggen im Wind. Und zu jeder der vielen Zellen gehört eine Sitzgelegenheit. Die Atmosphäre ist die eines belebten öffentlichen Ortes und familiär zugleich, man kann mit anderen sein, aber auch für sich.

Die Nutzung ist extrem vielfältig. Vielfältig sind auch die sozialen Hintergründe bzw. sozialen Milieus, aus denen sich die Gärtner_innen rekrutieren. Es sind bei weitem nicht nur urbane Hipster, die hier mitmachen, sondern auch ältere Neuköllner Bewohner — mit und ohne Migrationshintergrund. ●

→ www.allmende-kontor.de

Bausteln

Programmatisch gemeinte Wortneuschöpfung. In den Werkstätten des DIY wird nicht mehr entweder gebaut oder gebastelt, sondern alles durcheinander, die Grenzen zwischen den Gewerken werden bewusst überschritten. In der ▶ Dingfabrik kann man an den Bastelabenden mit dem Computer spielen, Origami falten, Legosteine verbauen oder Trillerpfeifen mit dem 3D-Drucker produzieren, je nach Lust, Kenntnis und Laune. Das Betahaus in Hamburg lädt regelmäßig in den craft.raum ein, auch hier geht es gleichermaßen um traditionelle Handwerke wie um das neueste digitale Gerät. In der Baustelbar proben sie die Demokratisierung des Produktionswissens und erfinden die Dingwelt neu, bauen sie um, versehen sie mit Intelligenz. „Gebaustelt" werden vornehmlich „Maschinen, Roboter, Kunstwerke der Zukunft". Der Betreiber des Blogs ist auch Mitbegründer der ▶ Open Design City. Hier findet regelmäßig der Baustelmontag mit verschiedenen Formaten statt: Projekte und Workshops, Reparatur und Upcycling. ▶ Repair-Café ●

→ www.bausteln.de

Bienen

Städtische Mitbewohnerinnen, nützlich, gefährdet, schutzbedürftig. Werden zunehmend wiederentdeckt als Subjekte der ▶ Fürsorge. Urbane Gärten sind quasi natürliche Asyle für diese von der industriellen Landwirtschaft bedrängten Wesen, die so ungeheuer wichtig sind für die Ernährungssicherheit. Ohne Bienen signifikant weniger Bestäubung, weniger Äpfel, weniger Kirschen. Längst gibt es keine wilden Honigbienen mehr im Land, ohne die (neuen) Imker_innen hätten diese Nützlinge noch weniger Überlebenschancen.

In urbanen Gärten baut man ihnen „wilde Ecken", Bienenweiden mit Nektar- und Pollenpflanzen. Die Bienen, die schon seit längerem größere Städte anfliegen, weil ihnen hier größere Blütenvielfalt geboten wird als auf dem (von Monokulturen bestimmten) Land, nehmen das Angebot dankend an. Ökologisches Gärtnern und wesensgemäße Bienenhaltung ergänzen sich ideal. Hier lässt sich eine Kooperation beobachten, bei dem die Menschen einmal nicht die allein bestimmenden Akteure sind. Bienen sind auch beliebte Mitgeschöpfe in den ▶ Interkulturellen Gärten, seit 2007 gibt es in den Internationalen Gärten Göttingen eine Lehrimkerei. ▶ Stadtnatur ●

Baumscheiben

Als Baumscheibe bezeichnet man den Bereich rund um den Baumstamm. Obwohl sie als eher ungeeignet für eine Bepflanzung gilt, gehört die Baumscheibe zu den bevorzugten Zielen für die ebenso eigenmächtige wie wirkungsvolle Verschönerung des Straßenbilds durch Anwohner und/oder Guerillagärtner_innen. Gemeinhin finden diese Signierungen des öffentlichen Raums durchaus Anklang in der Nachbarschaft und sogar bei offiziellen Stellen. In München werden die Pflanzaktivitäten bereits von der Stadtverwaltung gesponsert. ▶ Guerilla Gardening ●

Bauern

Die Bauern kommen wieder. Die gesellschaftliche Missachtung des Bäuerlichen sorgte seit den 1950er Jahren dafür, dass sich Bauern lieber Landwirte nannten, dass sie ihre Höfe wie Betriebe führten und ihre Produktion zunehmend an rational-wirtschaftlichen Kriterien ausrichteten. Die Industrialisierung der Landwirtschaft erforderte und produzierte ein entsprechendes Selbstverständnis. Aber nicht alle Bauern und vor allem Bäuerinnen ließen sich das Bäuerliche austreiben. Heimlich pflegten sie sentimentale Beziehungen zu ihren Tieren, hielten an den dörflichen Austauschbeziehungen fest, verteidigten die lokale Ökonomie, bauten kleinere Schweineställe als die Landwirtschaftskammer empfahl etc.

Insbesondere in den Ländern des globalen Südens erwies sich eine subsistenzorientierte Landwirtschaft immer schon als beste Lebensversicherung, für die bäuerlichen Produzent_innen wie für die lokale und regionale Ökonomie. Seit sogar der Weltagrarbericht 2012 feststellte, dass nicht die industrialisierte, sondern die kleinbäuerliche Landwirtschaft den Menschen vor Ort Ernährungssicherheit gewähren kann und in der Lage ist, die Welt zu ernähren, gilt die angeblich so überkommene Lebensform auch Experten als Modell für die Zukunft. Die Arbeitsgemeinschaft bäuerliche Landwirtschaft (AbL) und die Klein-

bauernorganisation La Via Campesina sind davon schon lange überzeugt.

Jetzt bekommen sie unerwartet Unterstützung durch die neuen „Kleinbauern" in den Metropolen. Die ▶ Urban Gardening-Bewegung erklärt sich solidarisch mit den Anliegen der internationalen Kleinbauernbewegung: faire Preise, Zugang zu Land für die unmittelbaren Produzent_innen, kein Flächenverbrauch für Futtermittel und sonstige Industrierohstoffe, freies Saatgut und Nachbaurechte. Urban Gardener unterstützen ihre ruralen Kolleg_innen, indem sie Bewusstsein für die Bedeutung gesunder Lebensmittel schaffen, alte Sorten wiederentdecken, Regionalität und Saisonalität propagieren und vegetarische Rezepte verbreiten. ●

→ www.abl-ev.de

Besetzung

In der hyperfunktionalen Stadt steuern Governance-Prozesse die urbane Vitalität. Die Menschen sind diversen Kontrollmechanismen wie z.B. unsichtbaren Videokameras und Leitsystemen ausgesetzt. Diese dem Blick verborgene verräumlichte Macht weckt Unbehagen und provoziert Interventionen: etwa temporäre Besetzungen (Flashmobs) oder räumliche Performances wie karnevaleske Umzüge oder ortsbezogene Projekte. Diese Räume sind keine solide gefügten Containerräume mit festem Personal und Reglement. Ihnen ist eine eigentümliche Leere eigen. Im Gegensatz etwa zum hochtechnisierten Raum-Körper-Apparat eines Flughafens, eines Fitness-Studios oder einer Diskothek bringt das Unbestimmte und Offene dieser DIY/DIT-Orte die beteiligten Akteure in die Präsenz und mitunter auch in Bewegung, im eigenen Tempo und in eigener Weise.

Sich in solchen Räumen aufzuhalten, kann eine Haltung der Neugierde und des Ausprobierens begünstigen. Dies geschieht gemeinsam: Pflanzen, Tiere, Dinge und Menschen werden Partner in wechselnden Choreographien. Diese Räume nähren also nicht die liberale Idee des autonomen Subjekts und Weltenschöpfers, sondern sie begünstigen eine lebendige demokratische Pluralität, an der jeder teilhat. Die Orte laden dazu ein, sich selbst immer wieder neu zu erfinden, mit neuem Blick auf die Dinge und Widerfährnisse des eigenen Lebens zu schauen. Sich frei durch das Blumenbeet zu bewegen, langsam, schlendernd, die Hände in der Hosentasche, das ist die Bewegung, aus der dann vielleicht andere entstehen. ●

Boden

Die Geringschätzung des Bodens hat in der Geschichte der Menschheit mehr als einmal zum Untergang ganzer Weltreiche geführt (Montgomery 2010). Flächenverbrauch und

Beete

B

B

44

Bodenverluste werden gegenwärtig zunehmend zum Problem. 25 Milliarden Tonnen Boden werden jährlich durch Wasser und Wind abgetragen, 60-80 % davon verursacht durch unsachgemäße landwirtschaftliche Nutzung. 23 % der gesamten bewachsenen Flächen weltweit gelten inzwischen als durch Erosion erheblich geschädigt. Jedes Jahr werden 15.000 km² Boden durch Versalzung (Bewässerung in Trockengebieten) unbrauchbar. In Deutschland werden täglich 120 Hektar Fläche versiegelt.

In den urbanen Gemeinschaftsprojekten müssen die Gärtner_innen oft mit kontaminierten oder ungeeigneten Böden umgehen. Wo der Anbau in der Erde nicht möglich (oder nicht erlaubt) ist, werden Hochbeete gebaut, in jedem Fall aber ist die Verbesserung bzw. die Anreicherung des Bodens ein Thema. Eigener Kompost wird in allen Projekten angelegt, auch Wurmkisten stehen allentlahlben herum, in vielen wird mit der Terra Preta-Herstellung, einer traditionellen Bodenverbesserungsmethode aus dem Amazonasgebiet, experimentiert. ▶ *Weltwissen* ●

Bibliothek

In den neuen Gemeinschaftsgärten finden sich oft kleine Bibliotheken. Wo Erfahrung und Ausbildung fehlen, wird eben nach Anleitung und Bücherwissen experimentiert. Akribisch wird Wissen gesammelt und ausgetauscht und die Erfahrungen, die man in der Praxis macht, werden systematisch ausgewertet. Gegenseitige Fortbildung und Workshops stehen hoch im Kurs. ▶ *Bildung* ●

Brachfläche

Eine innerstädtische Brachfläche ist ein Ärgernis oder ein Möglichkeitsraum. Je nach Perspektive. Jede Brachfläche ist ein potentieller Garten. Die ersten Gemeinschaftsgärten entstanden auf ungenutzten städtischen oder privaten Flächen. Mitunter war die Stadtplanung sogar dankbar, wenn Stadtteilaktivist_innen die Initiative ergriffen und einen Unort in ihrer Nachbarschaft in eine kleine Oase verwandelten. Solches Engagement spart öffentliches Geld und erhöht die Integration im Viertel. Grundsätzlich tolerieren Politik und Verwaltung diese neuen Nutzungsformen lediglich als ▶ *Zwischennutzung*, denn die Flächen sollen auf Dauer wieder „in Wert gesetzt", d.h. verkauft und bebaut werden.

Dass innerstädtische, selbst verwaltete und gestaltete Grünflächen ein Wert an sich sind, dieser Gedanke entwickelt sich bei den Verantwortlichen in Politik und Verwaltung nur langsam. Aber er entwickelt sich, wie man an einem Projekt wie die „Essbare Stadt" in Andernach sehen kann. Hier pflanzt die Stadt seit 2010 Gemüse in die städtischen Beete und alle dürfen ernten. Dieser innovative Ansatz erfreute sich nicht nur eines regen medialen Interesses, sondern sorgte auch unter Planern für Aufmerksamkeit. An der Brachfläche scheiden sich die Geister, hier wird ein gesellschaftlicher Konflikt virulent: Soll kommunales Eigentum bewahrt und von den Bürger_innen genutzt oder soll es meistbietend verkauft werden? ●

Bildung

DIY-Räume sind Umgebungen, in denen ständig Wissen generiert wird. In ihnen wird radikal neu bzw. von der Zukunft her gedacht, und eben nicht nur gedacht. Wissen wird nicht als fest umrissener Kanon, sondern als Prozess begriffen. Im DIY ist längst verstanden, dass neues Wissen nicht im luftleeren Raum der Abstraktion entsteht, sondern dass es dazu der Interaktion mit der Umwelt bedarf. Ohne Übertreibung kann das neue Selbermachen als eine der fruchtbarsten und radikalsten Formen des Lernens und der Selbstbildung verstanden werden. Das liegt zum einen daran, dass sich im DIY Körper, Geist und räumlich-materielle Umwelt immer wieder neu zusammenfügen, zum anderen liegt es am kollektiven Ansatz, der auch die soziale Dimension mit ins Spiel bringt.

Respekt vor irgendeinem Kanon oder Curriculum hat man hier nur in Maßen. Damit vollzieht sich im DIY die Gegenbewegung zum Bologna-Prozess in den Universitäten. Während an den Hochschulen zunehmend vorgegebener Stoff vermittelt wird und die Räume für selbst gewählte Themen und methodische Angänge immer kleiner werden, gibt es ein „friendly Takeover" der Forscher- und Bastelenergie durch die Selbermacher und ▶ *Dilettanten* zu beobachten. Dies gilt sowohl für technische Belange als auch für Handwerk, Hauswirtschaft, Ernährung und Kunst. In all diesen Bereichen begeben sich die Akteure in mit großen Wissensbeständen und Traditionen angefüllte und hoch reglementierte Räume, um sie sich neu zu erschließen.

Ihr Zugang ist zugleich Entrümpelung wie auch Wiederbelebung verlorener Bestände. Vergessene Obst- und Gemüsesorten rücken ins Interesse von ▶ *Mundräubern* und Gärtnern. ▶ *Einkochen* wird revitalisiert. Mobilität wird neu erfunden. Viele Projekte des DIY reklamieren für sich, Bildungsinstitutionen zu sein, und experimentieren auf vielfältige Weise mit der Praxis der Wissensvermittlung. Natürlich Learning by Doing. Lernen ist hier alltäglich. Es passiert oft beiläufig und ist doch hocheffektiv, denn gerade weil die Klassenzimmer- oder Seminarsituation hier nicht oder anders als bei den Profis inszeniert wird, überwindet man mühelos Schranken und Widerstände. Es gilt: Alle lernen immer. Wissensgesellschaft war gestern, es lebe die Experimentiergesellschaft. ●

Bürgermeister

Die Faszination, die die neuen Formen des Gärtnerns im „schönen und wilden Berlin" ausüben, lässt sich nicht zuletzt am Must See-Status ablesen, den Projekte wie das ▶ *Allmende-Kontor* oder der ▶ *Prinzessinnengarten* genießen. ←

Einträge in internationalen Reiseführern, aber auch professionelles Interesse an der hier geleisteten Arbeit erklären die konstant hohe Zahl an Besuchern aus aller Welt. Die Herren auf dem Foto gehören zu einer Delegation von US-amerikanischen Bürgermeistern aus Cincinnati (Ohio), Greenville (South Carolina), Portland (Maine), Rochester Hills (Michigan) und Savannah (Georgia). Dabei ist außerdem der Direktor des District Departments of the Environment in Washington D.C. ●

Commons

Die Welt erlebt einen historisch beispiellosen Kapitalismus, dessen Logik darin besteht, die Auspressung aller denkbaren Ressourcen zu belohnen und darauf zu wetten, wie gut dies jeweils gelingt. Die Bewertung kennt keine Gegenwart, keine Erfahrung und keine Lebenswelt, sondern nur die Erwartung zukünftigen Gewinns. Damit ist der globale Kapitalismus weit entfernt von der aristotelischen Ökonomie, die einst aus dem Oikos hervorging und der, zumindest bis zu einem gewissen Grad, der Erhalt der wirtschaftlichen Einheit und der daran Beteiligten etwas bedeutete, die also einen Subsistenzkern in sich trug. Diesen auszuhöhlen und zu untergraben, ist die Stoßrichtung der modernen Marktideologie und der mit ihr verbundenen, sich immer weiter universalisierenden Rechtsnorm des Privatbesitzes.

Während vielerorts bis in die Gegenwart hinein Allmenden über Land und natürliche Ressourcen verfügten und die Nutzung von Ressourcen Gegenstand vielfältiger sozialer Aushandlungen war, erfolgte in der kapitalistischen Moderne zunehmend die Einhegung mittels juristischer Interventionen. Die Folgen sind bekannt: Natürliche Ressourcen wurden zum Gegenstand grenzenloser Ausbeutung. Man spekuliert in großem Stil mit Rohstoffen, man vermarktet Wasser global. Boden, ganz gleich ob über dem Meeresspiegel ▶ *Landraub* oder unter Wasser, wird zur begehrten Ware und im großen Stil und ohne jede Rücksicht auf die dort existierenden Lebensformen „abgeräumt". Beklemmend ist

B

47

Bioplastic

B

C

48

die Machtlosigkeit angesichts der überwältigenden Phalanx aus Kapital, Politik, Wissenschaft und Technik, die dies ermöglicht.

Gegen diese Machtkonzentration wendet sich die Commons-Bewegung und sucht nach Wegen aus der Marktideologie und ihrem Denken. Commons, Gemeingüter, Allmenden — all diese Begriffe bezeichnen den kollektiven Versuch, den Marktliberalismus und die damit verbundene Handlungsrationaliät des Homo oeconomicus zu dezentrieren und durch demokratische Praxen in Gesellschaft und Ökonomie zu konterkarieren: Ressourcen werden gemeinsam bewirtschaftet, öffentliche Flächen für gemeinwohlorientierte Nutzungen reklamiert, Wissen kostenfrei zur Verfügung gestellt. Commons-Praxen suchen nach Formen der Kollaboration jenseits des exkludierenden Ökonomismus einer Stadt der Investors.

„Commons fördern Sozialbeziehungen und Gemeinschaftlichkeit. Sie sind jene vielfältigen Formen gemeinsamen Sorgetragens, die für die am Homo oeconomicus orientierten Marktökonomen weithin unverständlich bleiben." (Helfrich/Bollier 2012, S. 21) Die Commonisten betonen die kooperative Kapazität, die sich im Sozialen immer wieder zeigt, und suchen nicht im Individuum, sondern im Sozialen nach Auswegen aus dem derzeitigen Dilemma.

Die an vielen Orten entstehenden urbanen DIY-Projekte sind Teil dieser neuen weltweiten Strömung des Commoning und versehen es mit eigenen Akzenten. Die Stadt der Commonisten entsteht in und zwischen ihren Aktivitäten. ●

Coworking

Coworking ist eine neue Form der Verräumlichung von Arbeit. Während es in früheren Phasen der Industriegesellschaft vorrangig große und fest strukturierte Organisationen gab, in denen das Arbeitssubjekt einen festen Platz und die Aussicht auf lange und planbare Beschäftigung hatte, ist diese Form zunehmend in Auflösung begriffen. Im Gegenzug entstehen verstärkt kleine, flexible Einheiten und eine andere Realität und Subjektivität von Arbeit. Es wächst die Gruppe von kreativen Projektarbeitern, die temporär begrenzte Aufträge bearbeiten. Sie sind meist jung, räumlich ungebunden und gestalten ihre Arbeitszeit selbst. Ihre Notebooks führen sie stets mit sich. Ihre Daten sind in einer Cloud gespeichert und überall zugänglich. Das Coworking ist das räumlich-soziale Arrangement, das in diesem Kontext gedeiht. Oft handelt es sich um das Teilen von Arbeitsräumen auf Zeit. Man bewegt sich mit leichtem Gepäck, man erhebt keine überzogenen Ansprüche, was das feste und bewegliche Inventar betrifft.

Coworking-Spaces liegen bevorzugt in urbanen Umgebungen, in denen andere kreative Akteure ihre Spuren hinterlassen haben und in denen ein Kiez-Lebensgefühl spürbar ist. Coworking ist Teil dieser Kollektivität und ihrer vielen, meist kleineren Räume, die hier als „Stadt der Commonisten" beschrieben wird. Das Café, bestimmte Läden und angesagte Treffpunkte gehören dazu. ●

Container

In gleichem Maße wie moderne Containervorstellungen von territorial und identitär begrenzten Entitäten oder Wir-Gruppen wie der Nationalstaat oder die moderne Organisation an Bedeutung verlieren, rückt der Container als Hardware des Nomadischen in den Fokus. Er ist ein kosmopolitanes Objekt, das im Dazwischen zu Hause ist, nirgendwo fest verankert. Er ist leer, sein Inhalt ist variabel. Es ist die Möglichkeit zur Bewegung, die zählt. ●

Community

Das Selbstverständnis, einer Community anzugehören, ist allenthalben spürbar. Man ist Mitglied einer Gartengemeinschaft, aber auch einer Gartenbewegung, man engagiert sich in einer offenen Werkstatt und gehört gleichzeitig einer Gemeinschaft von Baustlern, Makern, Craftistas an. Die Individualität wird dabei nicht aufgegeben, auf eine Ideologie muss sich niemand verpflichten, es sind Communitys, die mit der Verschiedenheit ihrer Mitglieder rechnen. Sie entstehen durch Face-to-Face-Kontakte, gemeinsame Aktivitäten oder virtuell. ●

Couchsurfing

Gehört wie Foodsharing, Kleidertausch oder Carpooling zu den vielfältigen internet- und vertrauensbasierten Formen der Collaborative Consumption, des ▶ *Teilens,* Tauschens und gemeinsamen Nutzens von privater und öffentlicher Infrastruktur. Hier geht es nicht um Ausbau und Verteidigung von Privatbesitz, sondern um die Schaffung von Zugang für einen möglichst großen Kreis. Beim Foodsharing veröffentlicht man mittels einer crowd-finanzierten Smartphone-App überschüssige Lebensmittel, die dann von anderen abgeholt werden können. Beim Couchsurfing offeriert man die eigene Wohnung Reisenden und kann im Gegenzug auf ein internationales Netzwerk von Beteiligten zählen, die ebenfalls kostenlos privaten Wohnraum, Gastfreundschaft und Zeit zur Verfügung stellen. Die Bereitstellung für gemeinschaftliche Nutzung ist nicht immer ökologisch motiviert; das Teilen hat gerade in Großstädten für viele einen sozialen und kommunikativen Mehrwert. Man trifft auf Gleichgesinnte und verschiebt die Grenzen der eigenen Privatsphäre zugunsten eines vertrauensbasierten Miteinanders. ●

Crafting

Stricken, Häkeln, Nähen — das Entscheidende an der Crafting-Bewegung ist die Aktion im öffentlichen Raum. „Konservativ" konnotierte und traditionell im Privaten verortete Tätigkeiten wie Handarbeit erfahren eine Umkodierung und darüber eine Wiederaneignung unter neuen Vorzeichen („Reclaiming your Granny's Craft"). Die Anfang der 1990er Jahre von den „Riot Grrrls" ausgerufene Bewegung riet von Konsum ab und propagierte stattdessen: Mach es selbst! Als Punk-Künstlerinnen gründeten sie eigene Bands und Fanzines und luden die angestaubten Handarbeitstechniken mit einem widerständigen Image auf. So wurden bis dato als antifeministisch verdächtige Praktiken zum Zeichen feministischer Rebellion.

Im Unterschied zur ▶ *Maker-Bewegung,* deren Verhältnis zum Kapitalismus ungeklärt bis positiv erscheint, unterzieht die feministische DIY-Subkultur die kapitalistische Warenproduktion und Kulturindustrie einer versierten Kritik. Auch die Pussy Riots gehören zu dieser Avantgarde und tragen bei ihren Auftritten selbstgestrickte Sturmhauben. ▶ *Guerilla Knitting* ▶ *Rausfrauen* ●

Crowd

Die Crowd entsteht aus allen, die adressiert werden. In Zeiten der räumlich entgrenzten Kommunikation stellt sich eine Crowd in der Regel durch die Nutzung von Internetmedien her. Man adressiert Aufrufe und Anliegen. Die Crowd bildet sich durch das Empfangen von Nachrichten und durch die Selbstaktivierung Einzelner. Man macht mit oder nicht. Crowds existieren temporär, sie sind zweckgebunden und verfolgen ein klar beschriebenes Interesse. Die Beteiligten lernen als Teil einer größeren Einheit zu agieren. Man gibt einen definierten Teil seiner Zeit oder seines Geldes für einen bestimmten Zweck (Crowd-Funding). Man schreibt sich nicht in große Verbände ein und verpflichtet sich nicht auf Dauer. Man beteiligt sich sporadisch und oft spontan. Man kommt zu einer Pflanz- oder Aufräumaktion. Man hilft bei der Gestaltung einer Website. Man nimmt an einer Protestaktion teil. Dabei trifft man auf andere Teilnehmer_innen. Die Crowd will und bekommt die aktive Teilnahme nie ganz und für immer. Nach Abschluss der Aktion klinkt man sich wieder aus — bis zum nächsten Mal. ●

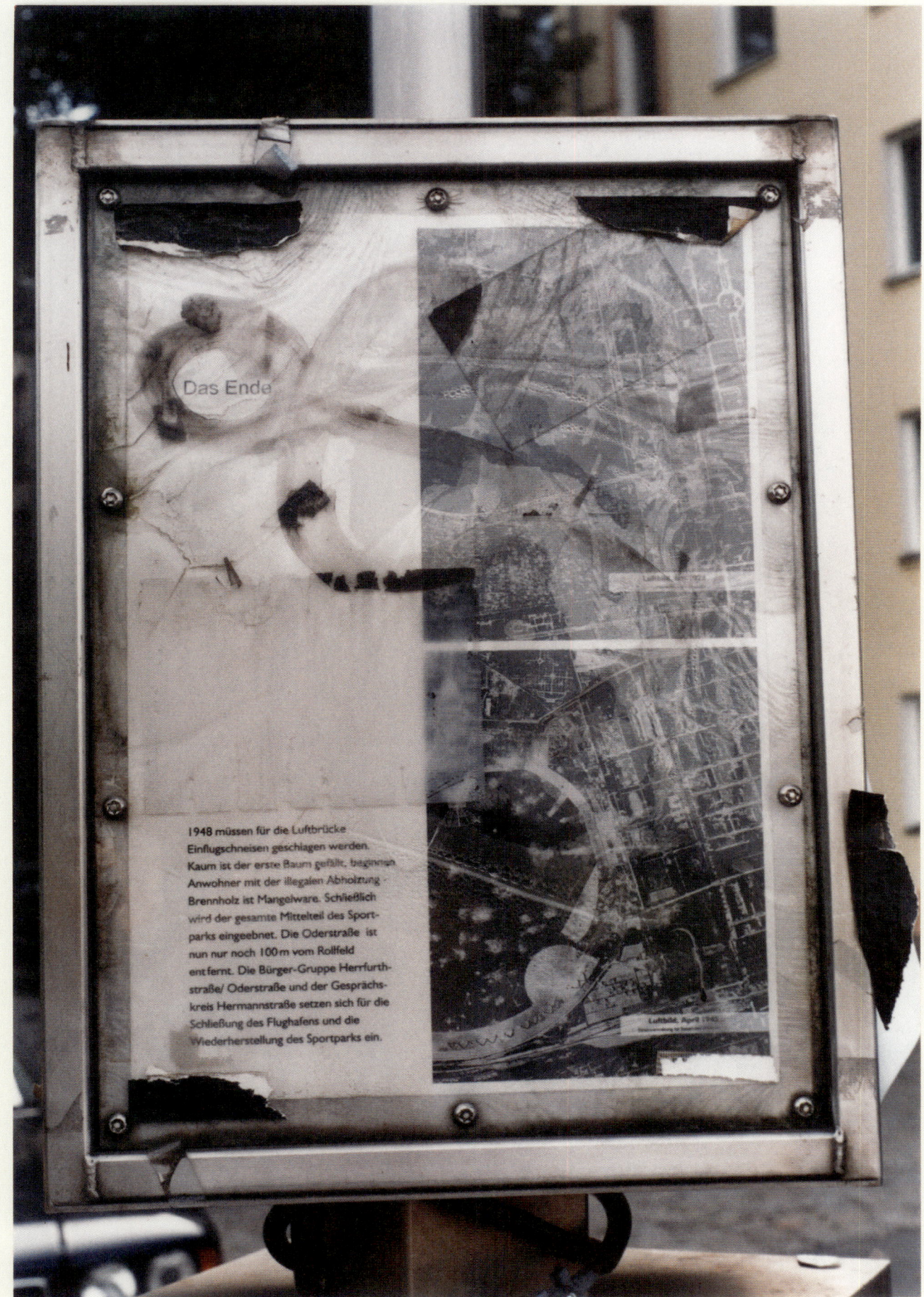

Allmende-Kontor

Berlin

1 Schautafel zur Geschichte des Tempelhofer Feldes

2 Tempelhofer Feld

3 Beet im Gemeinschaftsgarten Allmende-Kontor

4 Bauern- und Freistaat Pömsbüttel

5 Fatma Rahatsöz, Gärtnerin im Allmende-Garten

6 ehemalige Start- und Landebahn

7 Emrullah Caymaz beim Beetbau

8 Milan Sprung, Besucher im Allmende-Garten

9 Hacer Caymaz, Gärtnerin im Allmende-Garten

C ⟶ G

CNC-Fräse

Gehört zur Gruppe der CNC-Maschinen (Computerized Numerical Control). Eine dreidimensional arbeitende Maschine, die Dinge aus einem Holz-, Kunststoff- oder Metallblock fräst, sogenanntes subtraktives Verfahren (im Unterschied zum aufbauenden, „additiven" Verfahren eines 3D-Druckers). So unverzichtbar im FabLab wie der ▶ *3D-Drucker*. ●

Culinary Misfits

Zu krumm für Standardverpackungen? Zu freakig für die Supermarktregale? Gemüse, das den Stempel „nicht marktgängig" erhält, wird in der Regel gleich nach der Ernte untergepflügt oder landet im Müll. An diese chancenlosen „Sonderlinge" haben zwei Produktdesignerinnen aus Berlin ihr Herz gehängt. Was die Bauern nicht verkaufen können, verarbeiten sie zu kulinarischen Gerichten für Catering und crowd-finanzierten Ladenverkauf. Die Philosophie der Gründerinnen geht jedoch über eine simple Verwertungsstrategie hinaus. Sie sind nicht einfach Köchinnen, sie sind auch Schatzsucherinnen, Erfinderinnen, Entdeckerinnen, Veredlerinnen. Wie an vielen DIY-Orten geht es auch bei diesem Start-up um die Suche nach dem nicht Vordefinierten, Unvollendeten. Liegengebliebenes, Unbeachtetes, Eigenartiges wird den perfekt geformten Dingen aus der Warenwelt vorgezogen, denn es lässt sich etwas machen damit.

Die Wahrnehmung dieses Reichtums ist verknüpft mit der Einsicht in die Begrenztheit der natürlichen Ressourcen: Das Vernichten eines großen Teils der Ernte wird als Verschwendung von Wasser, Energie und Arbeit begriffen. Der Tipp von Culinary Misfits: Esst die ganze Ernte! Lasst regionale Vielfalt zu, erfreut euch an kulinarischen Außenseitern. Das macht die Welt reicher und schöner. Statt ihre Kuriosa also zu degradieren und auszusondern, inszenieren die jungen Großstädterinnen dreibeinige Rüben, sich umarmende Möhren und andere als kurios markierten Gewächse der Natur als Unikate, betonen ihre Schönheit, die sich für sie erst im Unperfekten erschließt und verwandeln es sodann zu vegetarischen Köstlichkeiten.

Die Haute Couture der Berliner Umlandgurken lässt unvermeidlich auch an die menschlichen Exkludierten, Gestrandeten, nicht Marktgängigen mit ihren ganz eigenen Dellen und Macken denken. Inkludieren und sichtbar machen sind nicht nur Ingredienzen einer nachhaltigen Esskultur, sondern auch einer pluralen Stadtgesellschaft. ●

→ *www.culinarymisfits.de*

Dilettanten

Ein Dilettant zu sein, heißt, sich an etwas zu versuchen. Dilettanten tun etwas aus Freude oder aus Leidenschaft. Sie sind keine Fachleute. Sie bewegen sich außerhalb vorgebahnter Wege und der Verbindlichkeit professioneller Normen. Sie beginnen mit allem, was sie tun, neu. Im Dilettantismus des DIY gibt es ein Ethos des Anfangens. Unterwegs nutzt man oft Modelle als Handlauf: Man findet ein Muster und baut es nach, wobei man es meist modifiziert. Man variiert, man adaptiert. Man kopiert nicht und lässt damit das industrielle Telos der massenhaften seriellen Produktion exakt gleicher Dinge hinter sich.

Die Selbstbeschreibung als Dilettanten endet jedoch nicht bei der Fertigung oder dem Händeln von Dingen nach eigener Façon. Dilettanten sind sie auch in Hinblick auf das Soziale und sich selbst. Die hohen Anforderungen, die an das hochmoderne Subjekt gestellt werden, mit sich selber identisch zu sein und eine rundum gute Lebensperformance zustande zu bringen (gut aussehen, gute Leistung im Job, die richtigen Freunde, die richtigen Partner, moralisch okay, usw.), können ein wenig an Festigkeit und Wahrheitsgehalt verlieren, wenn man immer wieder die Erfahrung macht, dass sich das Leben und man selbst immer wieder neu zusammenbastelt. Auch kann man dabei erfahren, dass man gar nicht so viel Einfluss auf den Lauf der Dinge hat, wie die eigenen kontrollierenden und bewertenden Gedanken dies gelegentlich suggerieren. ●

Dinge

Dinge von Gewicht spielen im DIY eine große Rolle. Kleine und große Werkzeuge, Maschinen, PCs. Es werden neue Kontrakte mit diesen Helfern geschlossen. Das Werkzeug ist hier mehr als nur das Ding und was man normalerweise damit macht. Das Werkzeug, die Hardware oder das Tool ist auch als Metapher bedeutsam. In der ▶ *Open Design City* zum Beispiel treten einem viele Werkzeuge in weit geöffneten Schränken entgegen und prägen so eine räumliche Sphäre ansteckender Kreativität. Kollektionen und Anhäufungen von Proto-Werkzeugen eigener Art zieren den Raum. Man muss nur zugreifen. Im Prinzip kann jedoch alles zum Werkzeug werden. Man baut sie auch selbst, wenn es nicht anders geht, oder wenn es gerade den eigenen Ehrgeiz anstachelt. Metamorphosen überall. Es wird jedoch nicht gehegt und gepflegt. Man greift bei Bedarf darauf zu. Danach wird es irgendwo abgelegt oder hingestellt und zum Teil von Raum-Ensembles eigenen Stils. Man kohabitiert gerne mit ihnen.

Die Widerständigkeit, Sperrigkeit und Fremdheit der Dinge von Gewicht einerseits und die vielen Meriten und Gelegenheiten, die sie ihren Nutzern bescheren andererseits, ermöglichen im DIY eine neue Weise mit und durch sie zu sein, in einen eigenen Austausch mit ihnen einzutreten, der beinahe animistische Züge trägt. Der Blick auf die Dinge kann und soll hier nicht stillgestellt und auf die eine Funktion reduziert werden. Dies entspricht eher dem Blickregime des industriellen Fordismus, mit dem das DIY bricht. Das DIY interessiert sich besonders für das zweite und dritte Leben der Dinge, was sich u.a. im ▶ *Upcycling* manifestiert. Die Dinge sollen von Hand zu Hand gehen. In der Logik der Zirkulation, des Weitergebens, ▶ *Teilens* und Tauschens gehören die Dinge keinem Einzelnen. Besitz und exklusive Nutzung bedeuten Stillstand und Stagnation, auch Unternutzung. Das findet man weder intelligent noch sinnvoll. Indem man sie in Bewegung bringt und teilt, verflüssigt sich das Harte an den Dingen. ●

Demokratie

Im DIY wird ein neuer demokratischer Stil erfunden, der zugleich ein Lebensstil ist. Man geht davon aus, dass nichts bleiben muss, wie es ist, und richtet seine Lebenspraxis bewusst aufs Teilen und Tauschen von Ressourcen und ▶ *Commoning* aus. Man hat keinen Vertrag mit politischer Repräsentation und steht einer hierarchischen Struktur von politischer Machtausübung skeptisch gegenüber. Stattdessen sucht und generiert man demokratische Zusammenhänge im Alltag. Der Ansatz ist konstruktiv: Man erkennt keinen Sinn darin, sich übermäßig in Kritik und Opposition zu erschöpfen und legt stattdessen ein frisches und respektloses Verhältnis zu allem Bestehenden an den Tag. Man begibt sich in ein Feld überschaubarer Sozialität und interveniert. Der Gestus ist freundlich, neugierig und verspielt, aber auch nüchtern, realistisch und sowohl technisch als auch sozial versiert.

Die Demokratie, an der hier gebastelt wird, ist eine alle Naturen einschließende Ökologie und Ökonomie: Menschen, Tiere und Pflanzen. Ihr widmet man sich in praktischen Angängen täglich aufs Neue. Im Mittelpunkt des Demokratieverständnisses stehen die Normen der Gleichheit und der Teilhabe. Besonders letztere steht im Fokus. Als Teil der Open Source-Bewegung ist es selbstverständlich, ja verpflichtend, das eigene Wissen und die eigenen Dinge soweit möglich zu teilen oder mit anderen zu tauschen. Im Gegenzug reklamiert man Zugang zum Wissen und zu den Kapazitäten der anderen.

Das schließt Praxen des Protests nicht aus. Es gibt auffällige Parallelen zwischen DIY und Occupy. Protest wird als Einladung für die eigene demokratische Praxis gesehen

Christopher Street Day

C

und nimmt dementsprechend Form an. Das strategische Kalkül der Wirkung hat vor dem kollektiven, auch körperleiblichen Prozess eines guten Miteinanders zurückzutreten. Es formt sich eine Parade, es formt sich ein Dorf, es formt sich, man weiß es nicht. Man muss es auch nicht wissen. Das wäre Old School und übermäßig viel Kontrolle. Kontrolle, die womöglich auf Kosten der Demokratie gehen könnte.

Es verwundert wenig, dass — nicht nur diesen Punkt betreffend — die Kommunisten und Sozialisten die verspielten Commonisten belächeln. Es handelt sich eben um grundverschiedene politische Kulturen. Den Commonisten geht es mehr ums Politische als um Politik als gesellschaftlichen Teilbereich. ●

Do it yourself

Es gibt viele Arten und Weisen, Dinge selber zu machen. Das DIY, das in diesem Buch beschrieben wird, ist, wie die Künstlerin Lisa Anne Auerbach schreibt, „unkommerziell, tauschbasiert, gemeinschaftsverrückt und befreiend" (Auerbach 2012). Es ist wirtschaftliches und soziales Handeln, das sich der Warenförmigkeit zu verweigern sucht. Räume und Netzwerke des DIY sind mithin: die urbanen Gärten neuen Typs wie das Allmende-Kontor in Berlin, offene Werkstätten wie die Dingfabrik in Köln, ▶ *Knit Nites* und Kleidertauschpartys, Aktivitäten im öffentlichen Raum wie Guerilla Gardening oder Strickmobs, Open Source und Open Design, Projekte wie Mundraub und Repair-Cafés, Genossenschaften wie das Kartoffelkombinat, Workshops zu Terra Preta und Lastenfahrrädern, Aktivitäten im Bereich Recycling und Upcycling.

Bei DIY geht es auch um den Versuch, Orte zu schaffen, an denen ein anderes Arbeiten, Wirtschaften, Miteinander möglich ist. Diese Orte entstehen dabei mitten im Hochbetrieb der Normalität. Es wird nicht erst „die Gesellschaft verändert". Es wird direkt etwas unternommen. Dadurch bilden sich freie(re) Räume, wo Menschen so zusammenwirken, dass nicht alles, was man zum Leben braucht, Geld kostet. In diesen Räumen ist Zeit nicht Geld, sondern Zeit. Das Zauberwort lautet ▶ *Kollektivität*. Folgerichtig heißt es inzwischen oft Do it together (statt Do it yourself). ●

Don't do it yourself

Gegen kommerzielle Einhegungsbestrebungen seitens der Industrie wird das Don't do it yourself propagiert: „DDIY bedeutet, mit Freunden zusammenzuarbeiten, Professionelle anzuheuern, klug und gewissenhaft zu konsumieren und uns selbst zu versorgen, während wir mit anderen arbeiten." (Auerbach 2012) DDIY fordert dazu auf, in Menschen statt in Material (keine Maschinenparks im privaten Hobbykeller) zu investieren und plädiert für „Sparsamkeit, Vernunft, Gemeinsinn und das Teilen von Fertigkeiten", um die Vereinnahmung der Bewegung durch die (Heimwerker-)Industrie zu verhindern. DDIY geht davon aus, dass alle im Tausch etwas zu bieten haben (und nicht alle alles können und machen müssen). Es gilt, nichtkommerzielle Tauschbeziehungen zu entwickeln, um angesichts der globalisierten Konsumindustrie Räume von Souveränität zu bewahren. ●

3D-Drucker

Der 3D-Drucker gehört wie die ▶ *CNC-Fräse* und der ▶ *Lasercutter* zur Grundausstattung jedes FabLabs. Druckt per Mausklick Schicht für Schicht dreidimensionale Werkstücke, z.B. Haushaltsgegenstände (Tassen, Teekannen etc.), Ersatzteile, Spielzeug (aus Plastik oder Metall). Gehört zur Gruppe der digitalen Fabrikatoren und funktioniert computergesteuert: Modelle werden am Bildschirm entwickelt oder dreidimensional eingescannt. Die Herstellung ist weniger aufwändig als im Spritzgussverfahren, es müssen keine Formen hergestellt und angepasst werden, und 3D-Drucker arbeiten im Prinzip ohne Materialverlust. Das Verfahren eignet sich für die Entwicklung von Prototypen bzw. für die Herstellung von Werkstücken, von denen nur wenige gebraucht werden.

In der Industrie (insbesondere Automobilindustrie und Medizintechnik) werden dreidimensionale Druckverfahren schon lange eingesetzt. Die individuelle bzw. kollektive Nutzung außerhalb der Fabrik wird in dem Maße zunehmen, wie die Anschaffungskosten sinken. Insbesondere die auf der Grundlage von Open Source entwickelten Projekte RepRab und MakerBot arbeiten an der Entwicklung massentauglicher additiver Maschinen. Perspektivisch werden 3D-Drucker die dezentrale Produktion von Dingen außerhalb der großen Industriestrukturen ermöglichen. ▶ *Maker* ●

Dingfabrik

FabLab in Köln. Ausgestattet mit diversen Werkstätten auch klassischer Provenienz auf denkbar kleinem Raum (3-Zimmer-Wohnung). Ausgestattet außerdem mit selbstgebauten 3D-Druckern und selbstgebautem Lasercutter. Betrieben von Computerliebhabern und anderen Menschen. In der Dingfabrik wurden die ersten ▶ *Repair-Cafés* in Deutschland veranstaltet. Die Bastel-Lust ist das, was alle sichtbar und spürbar verbindet. Gemeinschaftsprojekte stehen hoch im Kurs, eben z.B. der Bau des Lasercutters, aber auch die Zusammenarbeit zwischen denen, die Papier falten, und denen, die sich mit Steuerungs- und Regelungstechnik auskennen, funktioniert ausgezeichnet, zu bestaunen u.a. in einer raffiniert-ambitionierten Lampen-Kreation aus Origami und Licht. ●

⟶ *www.dingfabrik.de*

dOCUMENTA (13)

Als die Kuratorin das Wahlrecht für Erdbeeren forderte, standen die Medien Kopf. Genau darum ging es Carolyn Christov-Bakargiev: Sie wollte den anthropozentrischen Zugang zu Welt und ▶ *Kunst* erschüttern und für eine respektvolle Perspektive auf andere Formen des Seins sensibilisieren. So rückten die nichtmenschlichen Lebewesen in den Blick: Bienenvölker, Schmetterlingsschwärme, der in Spanien aufgelesene Straßenhund „Human" mit rosagefärbter Pfote, ein „Doing Nothing Garden", der auf einem aus Zivilisationsmüll aufgeworfenen Hügel erblühte, eine Installation von 60 Mangoldsorten im Boot, Goldbarren aus Erde, die den Wert des ▶ *Bodens* ebenso thematisieren wie das Saatgut, das die Chicagoer Künstlerin Claire Pentecost als das älteste quellenoffene Wissenssystem bezeichnet. Hier wird die Welt als Schatzkammer begriffen, die niemandem gehört und aus der sich alle nähren können. Der documenta (13) ging es darum, das neu zu sehen, was sonst primär Gegenstand wissenschaftlicher Messung und kapitalistischer Verwertung ist und über keine eigene Stimme verfügt.

Was den einen als „irrlichternde Animismusthesen" (FAZ) erscheint, ist für andere politische Kunst. Eines jedoch ist unbestritten: Im programmatischen Zugang „Collapse and Recovery" fanden sich auffallend viele Parallelen zur urbanen Praxis der Commonisten. Die praxeologisch inspirierte Kuratorin lud z.B. die New Yorker Künstlergruppe AND AND AND ein, die einen Stand mit regional-saisonalen Biolebensmitteln in der Aue betrieb, Vorträge zu Commoning und Urban Gardening organisierte und mit weiteren Formen „nichtkapitalistischen Lebens" experimentierte. ●

⟶ *www.andandand.org*

Entschleunigung

Für viele Großstadtbewohner_innen ist der Gemüsegarten ein Antidot zu Aufmerksamkeits- und Gegenwartsverlust, Multitasking und Secondscreening, Beschleunigung und Zeitverdichtung. Er dient dem „erschöpften Selbst", wie Alain Ehrenberg es nennt, als Refugium. Der Garten verlangt nicht nach Zeitverkür-

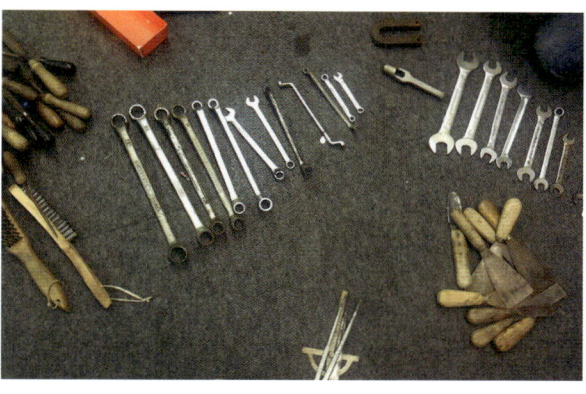

D

87

E

zung, ganz im Gegenteil, er fordert die ihm eigene Zeit ein und die Gärtner_innen auf, sich auf die Wachstumsprozesse anderer Lebewesen einzulassen. Gärtnern entschleunigt und ermöglicht Erfahrungen mit Zeitzyklen und Sinnhorizonten der Agrarkultur. Aus ihr stammt die sprachliche Korrespondenz von Zeit und Wetter, wie sie z.B. im spanischen „tiempo" oder im französischen „temps" anklingt. Die Agrarkultur, die in urbanen Gärten reinszeniert wird, ist zyklisch. Jedes Jahr beginnt der Kreislauf neu mit der Vorbereitung des Bodens und dem Säen. Man ist der Natur ausgesetzt, den klimatischen Verhältnissen, den Jahreszeiten und den Tag-Nacht-Zyklen. Diese Zeitdimensionen sind faszinierend für hochgradig virtualisierte Individuen, für die alles gleichzeitig möglich und steuerbar scheint, nicht zuletzt, weil sie erkennen lassen, dass wir selbst in Lebenszyklen eingebunden sind und dass es klug ist, sich den Gegebenheiten gelegentlich einfach hinzugeben. ●

← # Einkochen

Alte Kulturtechnik. Unabdingbar, um der Gemüseschwemme im Sommer Herr (oder Frau) zu werden. Nützlich, um das saisonale Angebot im Winter (Grünkohl, Weißkohl, Rosenkohl und Konsorten) mit sonnengereiften Tomaten, eingelegten Zucchini, Basilikumpesto u.Ä. zu bereichern. Insbesondere nützlich, wenn die energiefressende Kühltruhe abgeschafft werden soll. Ist oft eine gemeinschaftliche Gartenaktion und macht den Beteiligten viel Spaß. Hat es mehrfach zum Kunstevent geschafft, vermutlich weil gefüllte Einmachgläser einfach gut aussehen. In Berlin verköstigte das Kunstprojekt „Vorratskammer" der Künstlerinneninitiative myvillages.org die Ausstellungsbesucher, in Leipzig waren die Annalindes eingeladen, mit Eingemachtem zur Kunstausstellung „Über den Dilettantismus" beizutragen. ●

Ernten

Ist eine Tätigkeit und ein Geschehen, das Pflanzen und Menschen auf besondere Weise miteinander verbindet. In den Gemeinschaftsgärten ist die Ernte der Höhepunkt einer mitunter Monate dauernden Phase des Anpflanzens, Pflegens, Wachsens und Gedeihens, und damit Teil größerer Ökologien. Ob die Ernte reich oder mager ausfällt, hängt von vielen Faktoren ab: von der Bodenbeschaffenheit, vom Wetter, von Vorhandensein und Aktivität der Tiere in der Umgebung, von der Pflege und natürlich vom Samen, um nur einige zu nennen.

Die Ernte wird in Gemeinschaftsgärten einerseits als Belohnung für die Mühe gesehen, andererseits gibt es ein Bewusstsein dafür, beschenkt zu werden, letztlich ist es die Pflanze, die den Überfluss produziert. Stolz und Dankbarkeit halten sich die Waage. Die praktische Dimension der Wertschätzung ist die Umwandlung der Früchte in gutes Essen. Nicht selten haben die Gärtner_innen den Ehrgeiz, ganze Mahlzeiten oder gar Speisefolgen aus der Gartenernte zu bestreiten. Das Essen, das gemeinsam im eigenen Garten angebaut, geerntet, gekocht und verspeist wird, ist in jedem Fall ein guter Grund zum Feiern und Erntedank in neuer Form zu begehen. ▶ *Gartendinner* ●

Entrepreneur

Im DIY trifft man auf Unternehmer_innen neuen Typs. Sie unternehmen etwas, sie sind Leute, die verbinden und verknüpfen, also Entrepreneure im wörtlichen Sinne. Man bezeichnet sie auch als Projektmacher. Sie sind oft rund um die Uhr aktiv, um gemeinsam mit anderen ein Experiment durchzuführen. Sie haben eine Idee oder einen Plan und verfolgen ihn mit viel Einsatz. Das verbindet sie mit den Kreativsubjekten des Marktes wie Bill Gates oder Steve Jobs, die einst in einer Garage zu basteln anfingen. Ein Stück von solcher Gründermotivation ist in manchen zu spüren.

Damit enden die Übereinstimmungen allerdings auch schon. Denn die DIY-Entrepreneure sind keine überlebensgroßen Heldensubjekte und Visionäre, sie haben nur eine gute Idee und einen Schuss Charisma. Sie vertrauen bei der Verwirklichung der Idee aber nicht auf Geldgeber, Investoren oder einen Markt, sondern auf einen kollektiven Wirkungsraum, der sie aufnimmt, adaptiert und formt.

Eher sind die Entrepreneure Begleiter, die ein Setting bereitstellen und ein Händchen dafür haben, dass sich die richtigen Leute einfinden und es mit Leben füllen. Sie gehen mit anderen, zumal sie nicht über die Mittel verfügen, viele Personen anzustellen und eine direktive Leader-Identität auszubilden. Immer wieder aufs Neue bekommen sie von anderen etwas, das das Projekt benötigt und bereichert. Sie sind in der Lage, von anderen zu lernen und dürfen keine Kontrollfreaks sein, denn als solche bekämen sie rasch ein Burnout.

Ähnlich wie die Akteure in der neuen Kreativindustrie kennen auch sie keine Trennung von Arbeit und Freizeit. Sie sorgen aber dafür, dass sie im Alltag einen nährenden Kontext und die Ressourcen finden, die sie für den Aufwand entschädigen. Viel Geld verdienen sie mit ihren Projekten nicht. Es geht ihnen um andere Werte. Sie leben, ökonomisch betrachtet, prekär. Andererseits leben sie aber gar nicht prekär, weil sie am Aufbau und Erhalt von Netzen arbeiten, die sie auch selber tragen, absichern und halten.

Die spannungsgeladene und teilweise widersprüchliche Situierung der Entrepreneure in ihren Projekten, der Mangel an klaren und verbindlichen Strukturen, die unterschiedliche Befähigung Einzelner und das demokratische Gleichheitspostulat bergen ein hohes Konfliktpotenzial. Spannungen und Konflikte gibt es chronisch, und der Bedarf an Verhandlung und Klärung ist hier recht hoch. Das ist der Preis für das Experimentieren mit neuen kollektiven Formen. ●

Erdöl

Treiber und Beschleuniger der westlichen Konsumgesellschaften. Die Industrialisierungsprozesse der letzten Jahrhunderte basieren auf der Extraktion von Erdöl und Kohle. Auch die landwirtschaftlichen Monokulturen wären ohne die Erdölprodukte Kunstdünger und Pestizide nicht denkbar, und die Globalisierung mit der exorbitanten Zunahme des internationalen Güterverkehrs hätte sich ohne den billigen Treibstoff nicht vollziehen können. The Party is over, sagen Postkarbontheoretiker wie Richard Heinberg heute. Für sie ist Peak Oil, also der Höhepunkt der maximalen Ölförderung, bereits überschritten. Selbst wenn neue Funde gemeldet werden und umstrittene Verfahren wie Fracking und Offshore-Bohrungen Zugang zu weiteren Quellen verheißen: Kosten und Risiken der Ölgewinnung werden steigen und die Legitimationsgrundlage der Ölverbrennung wird allein schon aus Klimaschutzgründen zunehmend porös.

Peak Oil bildet einen Resonanzboden für ▶ *Urban Gardening*-Projekte, Vorbild für den Berliner ▶ *Prinzessinnengarten* war nicht zuletzt die urbane Landwirtschaft auf Kuba. Der Karibikstaat war das erste Land, das bereits 1989, nach dem Zusammenbruch der Sowjetunion, keinen Zugang mehr zu preisgünstigem Erdöl hatte und die Landwirtschaft eines industrialisierten Zuckerrohrexporteurs umstellte auf postfossile Subsistenzlandwirtschaft (Kälber 2011, S. 44ff). Dabei spielte die Förderung des innerstädtischen Lebensmittelanbaus eine zentrale Rolle.

Städte wie Havanna sind heute Vorbild für Kommunen im globalen Süden; aber auch Projekte wie ▶ *Annalinde* in Leipzig wollen zukünftig auf größeren Flächen für den lokalen Markt produzieren, als das in einem Gemeinschaftsgarten normalerweise möglich ist. Die Anschlüsse werden vielfältiger. ▶ *Postwachstum* ●

FabLab

FabLabs sind offene Hightech-Werkstätten, ausgestattet mit computergestützten Maschinen wie CNC-Fräse, 3D-Drucker, Lasercutter. Ein FabLab verspricht, im Kleinen das produzieren zu können, was sonst nur in der Fabrik gefertigt werden kann. Vom Konsumenten wieder zum Produzenten zu werden, ist der Traum. Mitunter geht es auch darum, eine größere Unabhängigkeit durch weniger Konsum und mehr Reparatur zu ermöglichen. Das erste FabLab entstand 2001 am Massachusetts Institute of Technology (MIT). Neil Gershenfeld entwickelte dort unter der Fragestellung „Was brauchen wir, um ‚fast' alles herstellen zu

Firmengarten

F

können und möglichst viele Materialien auf möglichst vielfältige Weise bearbeiten zu können?" gemeinsam mit Studierenden das entsprechende Maschinenset.

FabLabs changieren zwischen Entwicklungslabor und Werkstatt. Bisweilen verstehen die Betreiber ihre technologischen Ambitionen auch als bürgerschaftliches Engagement, für manche zeichnet sich in FabLabs gar eine postkapitalistische, auf Kooperation und Gemeingütern basierende Produktionsweise ab. Auf der Internetseite vom FabLab St. Pauli heißt es: „Langfristig wollen wir im FabLab Lösungen für dringende Probleme der Stadt entwickeln. Neben der Entwicklung von Produkten ist die Änderung der Arbeits- und Produktionsverhältnisse ein wichtiges Thema. Wir brauchen aber auch nachhaltige und innovative Lösungsansätze für Probleme im Bereich Energie (Energy Lab), Müll (Recycling Lab), Verkehr (Mobility Lab) oder Gardening (Botanic Lab). Es ist ein wichtiges Anliegen des FabLabs, die neuen technischen und materialbedingten Möglichkeiten für wichtige gesellschaftliche Fragen nutzbar zu machen." (www.fablab-hamburg.org)

Bei der Gründung eines FabLabs geht es also nicht nur darum, (mehr oder weniger) nützliche Dinge zu produzieren, sondern auch um einen Raum für die Community, um einen Raum für die gegenseitige Unterstützung und den Austausch von Wissen, und um die Bezugnahme auf andere, ähnliche Räume. FabLabs sind weltweit vernetzt. Die Charta der Labs legt Spielregeln für die Community fest: Man darf all das produzieren, was niemandem schadet (also z.B. keine Waffen); man soll dokumentieren, was man tut, und man soll das gesammelte Wissen an andere weitergeben.

FabLabs werden insbesondere von Bastlern und von ▶*Makern* bevölkert, sie sind bei Männern deutlich beliebter als bei Frauen. Die Mitglieder bewegen sich zwischen technikaffin und technikgläubig. Wichtig sind ihnen Open Source, Open Design und die Demokratisierung der Produktionsmittel. Manche haben durchaus gesellschaftspolitische Ambitionen in Richtung Nachhaltigkeit und Partizipation. Andere wollen einfach nur „spielen". Wieder andere wollen Unternehmen gründen. ●

Fahrende Gärten

Aus sieben Einkaufswagen besteht die Flotte der Fahrenden Gärten. Sie sind, je nach Jahreszeit, bepflanzt mit Kräutern, Johannisbeersträuchern oder Erdbeeren und stehen in Kiel. Nicht immer an derselben Stelle. Wer sie gerade verschiebt, gießt, vandaliert, verarztet oder neu bepflanzt, das erfährt die 21jährige Initiatorin über die von ihr administrierte Facebook-Seite „Fahrende Gärten", die die Reiserouten der Wagen mit Einträgen und Fotos dokumentiert: „Alice wurde gestern am Wilhelmplatz abgesetzt und prompt beräubert! Wer ihr begegnet, muss ihr unbedingt zu neuer Blütenpracht verhelfen und hier ein Photo davon präsentieren. Die Photos, die von Frieda erschienen sind, die machen fröhlich!"

Ein Sperrholzbrett mit der Aufschrift „Schieb mich dahin, wo ich am meisten gebraucht werde!" wird den Gärten noch mit auf den Weg gegeben, die von Alice über Dora bis Gustav alle einen eigenen Namen tragen. Am meisten gebraucht werden sie da, wo es an Grün fehlt, oder auch an Kommunikation. Die Aktivistin interessiert sich dafür, wie Passanten auf ihren täglichen Wegen auf Neuerungen reagieren. Die ▶*nomadisierenden* Einkaufswagen sollen den gewohnten Blick unterbrechen.

Mit der mobilen Installation verbindet die junge Tischlerin den Appell, die Wagen zu beschützen, zu pflegen, zu wässern oder im Notfall auch wiederzubeleben. Das Projekt beinhaltet eine Aufforderung zur ▶*Fürsorge*, aber auch zur Intervention. Die baulich-materielle Umwelt soll nicht nur verschönert, sondern auch angeeignet, mitgestaltet und verändert werden. Es ist wie beim ▶*Guerilla Gardening*. Die Pflanzen dienen hier als Botschafter und Vehikel zum Mitreden und Mitplanen in der eigenen Stadt. Darüber hinaus rücken sie selbst als Akteure bzw. Aktanten in den Blick. Das für den Kapitalismus notwendige Verständnis von der Natur als Ressource wird durch die vielschichtige Installation hinterfragt. ▶*Nomaden* ●

⟶ *www.facebook.com/Fahrende.Gaerten*

Fashion Reloaded

Mode und Nachhaltigkeit scheinen ein Widerspruch in sich, ein Trend folgt dem nächsten, und in der Textilindustrie geht es nicht eben ökologisch zu. Die Arbeitsbedingungen in den Herstellungsländern verletzen erschreckend häufig elementare Menschenrechte. Auf diese Missstände reagiert das Projekt „Fashion Reloaded". Hier geht es darum, Kleidung zu tauschen und umzuarbeiten, sprich Ressourcen wiederzuverwerten und sich im handwerklichen Können gegenseitig zu schulen. Junge Modedesignerinnen wollen zeigen, dass es einfach ist, Mode selbst zu machen, wenn man sich gewisse Fertigkeiten wiederaneignet, sprich den Umgang mit Nadel, Faden, Schere, und sich einfach traut. Wir sollten damit aufhören, sagt eine der Initiatorinnen von Fashion Reloaded, so viel zu produzieren, wir sollten anfangen, unsere Sachen länger zu tragen, sie mit unserer individuellen Note zu versehen und eigene Stile zu entwickeln. Es geht auch darum, die Hoheit über das, was chic und schön ist, zurückzuerlangen. In Zukunft, hofft sie, werden alle weniger Kleidung in besserer Qualität besitzen, die sie flicken und reparieren. Die DIY-Bewegung sehen Designerinnen wie sie nicht als Konkurrentin, sondern als Verbündete, die ein neues Verständnis für den Wert handwerklich hergestellter Produkte schafft. Eine wichtige Infrastruktur, um Mode zu reloaden, stellen ▶*Nähcafés* zur Verfügung. ●

⟶ *www.fashionreloaded.org*

Fürsorge

In der Dingfabrik wird das Repair-Café diesmal von Samstag auf Sonntag verschoben, weil Samstag schon der Nistkästenbauworkshop stattfindet (so steht es auf der Website). Dieser fürsorgliche Umgang mit anderen (hier: Vögeln) ist typisch für Projekte im Kontext von DIY. In die Gärten stellt man Insektenhotels und Marienkäfersuites, bei ▶*Mundraub* bezieht sich die Fürsorge auf die Bäume und Sträucher. Der pflegliche Umgang beim Ernten wird allen Mundräuber_innen dringlich ans Herz gelegt, die Initiatoren des Projekts wissen, dass Obstbäume eben nicht „einfach so" Früchte tragen, dass es vielmehr eines gekonnten Baumschnitts bedarf und darüber hinaus kontinuierlicher Pflege. In der ersten Mundraubregion im niedersächsischen Hasetal organisieren sie Baumschnittseminare und werben für die Übernahme von Patenschaften. Fürsorge für die mannigfaltigen Ökologien spielt im DIY insgesamt, besonders aber in Gemeinschaftsgärten eine zentrale Rolle. Dies trifft natürlich ebenso auf die soziale Ökologie der Projekte zu. Die Sorge füreinander prägt das soziale Klima. ●

⟶ *www.mundraub.org/hasetal*

Facebook

„Mit Facebook enden zwei Jahrhunderte der Flucht aus Gemeinschaften" konstatiert der britische Ethnologe Daniel Miller in seiner Studie „Das wilde Netzwerk" (Miller 2012, S. 161). Damit bezieht er Stellung in der Debatte darüber, ob sich Menschen durch die Nutzung von Computern in Cyborgs verwandeln (Turkle 2012), ob Konnektivität zur Sucht wird, ob die Simulationskultur der Social Media zu Entfremdung und einer abnehmenden Sozialität führt, oder ob einfach eine andere Form des Sozialen entsteht (Lovink 2012).

Unbestritten ist, dass es unterschiedliche Formen der Anwendung von Facebook gibt. Die DIY-Akteure erschließen sich die technischen Möglichkeiten als Werkzeug für Kommunikation, sie teilen Inhalte und Debattenbeiträge, laden zu Veranstaltungen ein und stimmen sich in themenspezifischen Gruppen ab. Facebook wird hier im Sinne von Saskia Sassen eher „minimalistisch" (Sassen 2011, S. 249ff) genutzt.

Man tauscht sich auf den Projektseiten nicht über private Befindlichkeiten aus, sondern über ▶*Saatgutfreiheit,* die Qualität von CNC-Fräsen, Öffnungszeiten von Werkstät-

Feiern ↑

F

↓

Freiraum

Gewächs-
häuser

G

ten, Korrekturen in der Liegenschaftspolitik von Städten oder Online-Votings zum Erhalt von Freiflächen. Facebook bildet den politischen Charakter des Netzwerks ab und ist ein Verweisungsmedium: Wenn der Algorithmus stimmt, wird kontinuierlich Content aus verwandten Projektzusammenhängen geliefert, ohne dass man sich die Mühe der gezielten Recherche machen müsste. Zugleich erzeugen die eigenen Inhalte Resonanz, und da bei Facebook jeder Nutzer ein potenzieller Multiplikator ist, haben die Postings gute Chancen auf Verbreitung. Sehen und gesehen werden: Wer mehrere Tausend Freunde und Likes hat, erlangt Reputation.

Gezahlt wird in harter Währung: Facebook-Nutzer wissen, dass sie sich der informatisch-kommerziellen Überwachung durch den börsennotierten Konzern unterwerfen, der die Infrastruktur zur Verfügung stellt, um damit im digitalen Kapitalismus Profit zu erzielen (Andrejevic 2011, S. 35). Diese in ihren Konsequenzen tatsächlich schwer zu durchdringende Asymmetrie zwischen Usern und der digitalen Macht der Konzerne beantworten sie allerdings nicht mit Abstinenz, sondern mit Nutzung. Die Parasitierung der von ihnen in die Welt gesetzten Daten nehmen sie in Kauf. ●

Gartendeck

Das Gartendeck ist ein temporärer Gemeinschaftsgarten auf der Großen Freiheit in Hamburg-St. Pauli. Das Flair des Ortes könnte kaum urbaner sein. Die besprühten Brandmauern ragen weit in den Himmel hinein. Auf dem schwarzen Rollboden aus Kunststoff-Altreifengemisch sind strahlend orangene Bäckerkisten stilvoll angeordnet. Das Gartendeck entstand 2011 als nicht-kommerzielles Kunstprojekt im Schwerpunkt „Gemeingüter" des renommierten Kampnagel-Sommerfestivals. Der Gemeinschaftsort auf dem spektakulären Tiefgaragendach begeisterte schnell viele Kiezbewohner_innen, die auf dem Gartendeck gemeinsam gärtnern, essen und feiern, und damit ihrem „Recht auf Stadt" praktischen Ausdruck verleihen. ●

⟶ *www.gartendeck.de*

Gartenumzug

Als gekonnte Installation präsentierte sich der Umzug des Berliner Gemeinschaftsgartens „Rosa Rose" in Berlin. Die Besetzerinnen inszenierten den Abtransport der vielen, zum Teil großen Pflanzen als Schauspiel, in das auch die Passanten einbezogen wurden, als sie ihr Gelände 2009 räumen mussten. Weil die Pflanzen ausschließlich auf Fahrrädern (auch Lastenfahrrädern) transportiert wurden, formte sich ein bis dato noch nicht gesehenes und nur für kurze Zeit bestehendes eigenartiges Gebilde aus langsam hintereinander fahrenden Pflanzen-Arrangements, in die ihre phantasievoll gekleideten Fahrerinnen praktisch eingehüllt waren. Die Prozession hatte etwas Karnevaleskes und blieb als Spektakel allen Beteiligten noch lange im Gedächtnis. ●

Gartendinner

In New York gelten Produkte aus urbaner Landwirtschaft als hip, im Leipziger Garten Annalinde kochen ambitionierte Köche Mehrgängemenüs unter freiem Himmel zu 99 % aus Gemeinschaftsgartenanbau, und in Berlin lädt der Prinzessinnengarten zu „Wildkräutersalat aus der Wilden Gärtnerei mit warmem Ziegenkäse und Pain Perdu, gebratenen Pilzen mit warmen Bohnen, Hokkaido-Kürbis und französischem Estragon aus dem Garten, dazu die erste Kartoffelernte aus den Sorten Blauer St. Galler und Adretta".

Essen und Kochen sind mehr denn je Mittel gesellschaftlicher Distinktion: Tafeln in weißer Kleidung vor Opernhäusern, Foodraves, Supper Clubs und Gastrohypes mit exquisiten Zutaten aus der Region demonstrieren öffentlich Kennerschaft und Savoir-vivre. Das Zelebrieren der Genießer-Esskultur und das fortwährende Sprechen darüber hat bereits die Gegenbewegung der Anti-Foodisten auf den Plan gerufen. Sie fordern die Rückkehr zu Bodenständigkeit und „Authentizität".

Gibt es das Echte bei den Locavore-Menüs in den urbanen Gärten? Die Gartendinner schließen durchaus an den Habitus des Genießens an (wie obige Speisefolge belegt), aber zugleich spielen sie mit dieser Attitüde. Auch steht das Bekenntnis zum Unperfekten saturiertem und raffiniertem Kennertum im Weg. Bei einer Geburtstagsfeier im Prinzessinnengarten musste z.B. infolge fehlender Suppenlöffel die Suppe mit Strohhalmen verzehrt werden. Die eingeladenen Gäste trugen es mit Fassung. ●

Gentrifizierung

Steigende Immobilienpreise, Verdrängungsprozesse, Austausch von sozialen Milieus, Homogenisierung: Phänomene wie diese beschreiben den Prozess der Gentrifizierung. Durch die Aufwertung von ausgewählten innerstädtischen Quartieren verändern sich die Gewerbestrukturen, die berühmte Latte Macciato-, Bionade- oder Bioladenbohème folgt den unteren Mittelschichten, den Armen und den sozial Schwachen, die durch steigende Mietpreise in die Außenbezirke abgedrängt werden.

Tragen auch die urbanen Gemeinschaftsgärten mit ihren oftmals hochattraktiven Infrastrukturen in ▶*Zwischennutzung* zum sozialräumlichen Wandel bei? Gentrifizierungsprozesse können sich durchaus gegenläufig zu den Intentionen der zivilgesellschaftlichen Akteure vollziehen. Jedenfalls dann, wenn die Stadtpolitik die Privatisierung zum Programm erhoben hat. In Berlin fordert die Initiative „Stadt Neudenken" ein Moratorium für Liegenschaftsverkäufe und eine Neuausrichtung der Bodenpolitik. Transparenz soll über ein Kataster hergestellt, der Grundstücksbestand öffentlich einsehbar und die Zivilgesellschaft in alle Liegenschaftsentscheidungen einbezogen werden (taz, 4.2.2013). Nachdem in Berlin der Ausverkauf öffentlichen Eigentums jahrelang konsequent vorangetrieben wurde und der Liegenschaftsfonds offensiv „Schulen, Schwimmbäder, Gärtnereien oder Krankenhausareale" zum Kauf anbot, schlug die Senatsverwaltung für Stadtentwicklung für das Grundstück des Prinzessinnengartens ein Konzeptverfahren vor. Im Dezember 2012 stimmte der Liegenschaftsfonds der Rückübertragung zumindest dieses Gartens in das Bezirksvermögen zu. Hintergrund der Entscheidung war nicht zuletzt das Votum von mehr als 30.000 Menschen, die bei change.org für den Erhalt des Gartens gestimmt hatten. ●

⟶ *www.stadt-neudenken.tumblr.com*
⟶ *www.gentrificationblog.wordpress.com*

Guerilla Gardening

Ist Straßenkampf mit sanfter Munition. In subversiver Manier werfen Unbekannte (selten nachts und meist ohne Sturmhauben) Saatbomben in unwirtliche urbane Räume und bepflanzen den öffentlichen Raum ohne behördliche Erlaubnis. Frühe Formen finden sich bei der New Yorker Künstlerinitiative Green Guerillas, die in den 1970er Jahren zivilen Ungehorsam praktizierte und in Eigeninitiative vernachlässigte Stadtteile lebenswerter gestaltete. Zu dieser Zeit eroberten in deutschen Städten viele türkische Einwander_innen die Brachflächen; ihr Stangenbohnenanbau hat sich vielerorts in das kollektive Gedächtnis eingeschrieben. Auch sie fragten nicht um Erlaubnis, sondern nutzten freie Flächen temporär und pragmatisch für ihre Selbstversorgung. Für die Guerilla Gardeners von heute ist das Anlegen von Blumenbeeten in Baumscheiben oder Mini-Kartoffelackern in erster Linie eine symbolträchtige Intervention in den öffentlichen Raum, der befreit werden soll von der einseitigen Besetzung durch Shopping Malls und motorisierten Individualverkehr. Guerilla Gardening ist eine Unterströmung der ▶*Urban Gardening*-Bewegung. ●

↓

G

↓

Gartencontainer

Gartendinner ←

G

Gartencafé

Gartenküche →

5

6   7

8   9

10

11

12 13

14

15

16

21

20

22

23

Prinzessinnen-garten

Berlin

1. Moritzplatz, Berlin-Kreuzberg
2. Elsa de Seynes
3. Laurin Hackney, Koch Gartenküche
4. Teresa Erbach (Gartengruppe)
5. U-Bahnstation Moritzplatz, Ausgang Prinzessinnenstraße
6. Andreas Whyte, Lehrer eines Schulgartenprojekts im Prinzessinnengarten
7. Nathaniel Page, Gärtner zu Besuch aus New York City & Frankreich
8. Nini Gollong aus Paris
9. Robert Shaw, Mitgründer Prinzessinnengarten
10. Lena Haug (Gartengruppe) aus Kalifornien
11. Imkerin bei der Arbeit
12. Angestellter des Prinzessinnengartens
13. Chefkoch Pierre Lejeune aus Paris
14. Elizabeth Calderón Lüning, Organisations- und Projektleitung des Prinzessinnengartens
15. Marco Clausen, Mitgründer Prinzessinnengarten
16. Nico Dürkop, Landschaftsarchitekt, engagiert im Prinzessinnengarten
17. Mobiler Apfelentmoster Dennis Tilwitz bei der Herstellung von Apfelsaft aus Mundraub-Äpfeln
18. Arbeitsgruppe einer Kreuzberger Berufsschule
19. Luzie Milena Weigelt, Gartenbar
20. Lisa Dobkowitz, Gärtnerin des Prinzessinnengartens
21. Gartencafé
22. Färbeworkshop mit Pflanzenfarben
23. Andrew Beard, Richard Schnell & Ophélie Karoni, Mitarbeiter_innen des Prinzessinnengartens

3

4

5

  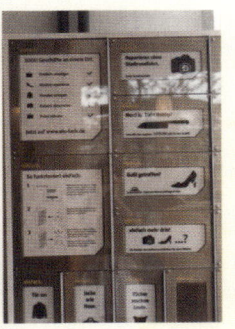   

6 7

   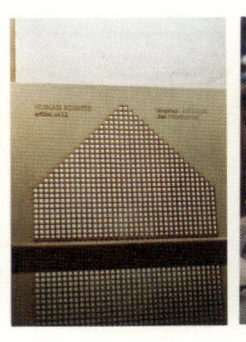  

 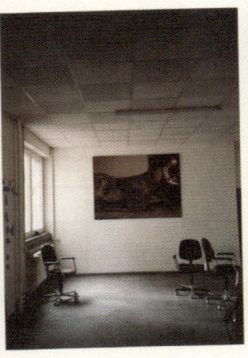 

8

9

10

Open Design City

Berlin

1. Galina Emelina, Singer/Songwriter mit Kristin Borlinghaus & Lukas Licht, Videokünstler
2. Kay Strasser, Fotograf, Filmemacher & Concepter, mit selbstgebauter Kamera
3. Betahaus, Vorplatz
4. Max von der Ahé, Mitgründer des Betahauses
5. Arbeitsräume
6. gemeinsames Arbeiten
7. Madeleine von Mohl, Mitgründerin des Betahauses
8. Makerplätze, Arbeitsräume
9. Christoph Fahle, Mitgründer des Betahauses
10. Morgendliches gemeinsames Frühstück im Betahaus mit Präsentation von Projekten

G ⟶ Z

G

152

Guerilla Knitting

Ist wie ▶*Guerilla Gardening*, aber mit Wolle. Hinter beiden Aktionsformen steckt der Anspruch auf das Recht auf Stadt. Traditionelle Handwerkstechniken migrieren in Deutschland seit 2010 aus den Privathaushalten in den öffentlichen Raum. Dieser wird durch die Guerilla-Aktion umkodiert. Die künstlerisch umgedeuteten Sites irritieren den Blick der Passanten. Sie provozieren bei den Betrachtern häufig ein zweites Hinschauen und damit eine veränderte Wahrnehmung. Das eigenmächtige Einstricken und Einhäkeln von öffentlichen Gebäudeteilen oder Denkmälern oder das temporäre Versiegeln von Plätzen durch gestrickte Riesennetze liefern instruktive ästhetische Kommentare zu Beschaffenheit und Materialität des öffentlichen Raums und zu der Frage, wer bestimmt, wie er aussieht. Ein aufschlussreiches Beispiel für Handarbeit als Aktivismus (Critical Crafting Circle 2011) ist das Münchener Künstlerinnen-Duo ▶*Rausfrauen*. ●

← Himmelbeet

Der erste Gemeinschaftsgarten auf dem Dach eines Einkaufszentrums entsteht seit Frühjahr 2013 in Berlin-Wedding. Auf dem 10.000 m² großen Gelände in luftiger Höhe wollen die Initiatorinnen inmitten von Gemüsebeeten, Bienenstöcken und Umweltbildungsworkshops auch Café und Restaurant betreiben. Anwohner, Besucher des Einkaufszentrums sowie benachbarte Schulen, Altenheime und Vereine sind eingeladen, mitzumachen. ●

⟶ www.himmelbeet.com
⟶ www.gemeinschaftsdachgaerten.de

Habitus

DIY ist auch ein Habitus. Man legt selbst Hand an die Dinge, die man trägt und an die, mit denen man sich umgibt. Man kuratiert sich selbst und lässt sich von den dabei entstehenden Formen überraschen. Dabei grenzt man sich vom Mainstream ab. Was in Boutiquen und Kaufhäusern als Markenware up to date, vor allem aber alles, was businesslike oder Funktionskleidung ist, wird tendenziell gemieden: Die Verkörperungen von Leistungsfähigkeit und Glätte, von kernig-aggressiver Sportlichkeit, die vermeintliche Noblesse kostspieliger Accessoires — kurzum — das ganze Spektrum bürotauglicher Marken-Outfits ist vor allem insofern interessant, als es als distinktive Folie im Hintergrund mitläuft.

DIYler vermeiden gekonnt, sich in ein selbst gebautes habituelles Gefängnis zu begeben, indem sie sich zu eng an bestimmte streng reglementierte Dresscodes halten müssten. Ihr Habitus ist in gewisser Hinsicht unvorhersehbar und durch die Freude am Sich(ver)kleiden geprägt. Man ist auch nicht aufgerufen, sich ständig über Kleidung auszudrücken und es damit zu ernst zu meinen. ▶*Kreativität*

Vor allem die Frauen kombinieren phantasievoll und unkonventionell. Sehgewohnheiten werden, wie es scheint, mit Vergnügen durch gewagte Kombinationen irritiert. Außerdem wechselt man gerne. Mal wird durch bestimmte Kleider, Blusen und Zöpfchen ein naives Gartenidyll heraufbeschworen, dann erscheint frau wieder im Blaumann oder in Tank Top und Military-Hose. Bei den Frauen werden viele Feminitäten durch ihre Kleidung und durch ihre Körperpolitik aufgerufen und reinszeniert. Männer betreiben deutlich weniger Aufwand. Hier dominieren die relaxte Schiebermütze, zerbeulte alte Hosen und irgendwelche Shirts. Es dürfen nur keine zu lauten Claims aufgedruckt sein. Alles friedlich und laid-back. Natürlich tragen viele Männer Bärte, niemals Haargel oder gar eine trendige und vom Profi geschnittene Frisur. Dazu werden Stofftaschen getragen.

Der entspannten und unaggressiven körperlichen Haltung entspricht ein kooperatives soziales Miteinander: Man vertraut vieles der Interaktion mit anderen an und nicht dem großen Plan. Man fragt via digitaler Medien in die Runde hinein. Man muss nicht alles wissen, denn die anderen sind ja da und können um Rat gefragt oder um Unterstützung gebeten werden. Niemand muss es alleine schaffen. Der Perfektionismus und das Akkurate als Antriebskraft sind zugunsten einer großen Freude am Machen und einem aus der konkreten Erfahrung entspringenden Gefühl von Souveränität ad acta gelegt. ●

Handwerk

Handwerk gilt auch als Lebensform. Handwerkern wird der Wunsch bzw. das Ethos nachgesagt, eine Sache um ihrer selbst willen gut zu machen. Geduld und Konzentration heißen die entsprechenden Tugenden, mit denen zu Werke gegangen wird. Die Arbeit hat ihre subjektive Zwecksetzung in sich selbst, statt nur den Lebensunterhalt sichern zu sollen. Mit Bezugnahme auf Hannah Arendt argumentiert Richard Sennett (2009), dass das Handwerk für Menschen eine Möglichkeit ist, sich Kraft der Kreativität ihres Handelns in der Welt ein Zuhause, eine ▶*Heimat* zu schaffen.

DIY verhilft dem Handwerk zu einer neuen Wertschätzung. Es geht hier allerdings nicht (wie bei Sennett) um das Lob des Handwerklichen an und für sich, sondern um eine Verbindung bzw. Hybridisierung des Handwerklichen mit zahlreichen anderen Kreativitäten. Der Eingriff in die Welt der Dinge und der Eingriff ins eigene Leben mit all seinen, auch politischen Facetten werden im DIY/DIT eins. Die Philosophin Christine Ax betont die Bedeutung des Handwerks für eine nachhaltige Ökonomie. Handwerkliche (wie praktisch-technische, musische und schöpferische) Fähigkeiten ermöglichen resiliente Wirtschaftsweisen, die vergleichsweise weniger(er) Ressourcen verbrauchen. ●

Haus der Eigenarbeit

Ist eine der ältesten offenen Werkstätten in der Bundesrepublik und stellte das Selbermachen bzw. die Eigenarbeit von Anfang an in den Kontext von Ökologie und Autonomie. Das Haus der Eigenarbeit wollte die nötige Infrastruktur und das nötige Know how zur Verfügung stellen, um den Menschen im Stadtteil die Möglichkeit (zurück-)zu geben, alltägliche Gebrauchsgüter (und Kunst) selber zu produzieren. Inzwischen hat das Haus der Eigenarbeit auch eine „HEi-Tec-Werkstatt", ausgestattet u.a. mit einer computergesteuerten Gravier- und Fräsmaschine, und experimentiert mit Repair-Cafés. ●

⟶ www.hei-muenchen.de

Heimat

Meint die Bindung von Menschen an einen vertrauten Ort. Auch heute, in Zeiten der Globalisierung und der biografischen Normalität des räumlichen Wechsels und Pendelns, gibt es unvermindert Praxen der Beheimatung. Die Gewinnung und Kultivierung eines eigenen Lebens- und Erfahrungsraums scheint auch jenseits ihrer sentimentalen Verklärung und politischen Instrumentalisierung ein zentraler Teil von Kultur überhaupt zu sein und ist niemandes Privileg. Mit den neuen DIY-Räumen entstehen Orte und Zusammenhänge, die viele gerne aufsuchen. Gerade ihre Offenheit, ihre Affinität zum Leib und der Umstand, dass sie ihren Nutznießern nichts Bestimmtes abverlangen, sondern viel mehr geben als nehmen, lässt allmählich eine Identifikation und Verbindungen mit ihnen wachsen, die man als vielfältige Beheimatungen verstehen kann.

Die Rückseite der Globalisierung ist eben die Lokalisierung. Die beiden Begriffe bezeichnen keinen Widerspruch, sondern Entgrenzungs- und Begrenzungsprozesse, die wechselseitig aufeinander bezogen sind und deren Logik eine subjektiv gelebte ist. In diese Dynamik und Komplexität hinein wirken DIY-Räume, indem sie globale Verbindungen schaffen und die Bildung von Communitys weltweiter Reichweite begünstigen, andererseits sind sie klar verortet, verdichtet und begrenzt. Ihre Selbstbeschreibung als ▶*nomadisch* betont den

Hochbeete

H

Insektenhotel

Pol räumlicher Bewegung und Entgrenzung. Es entspricht nicht dem Lebensgefühl der jungen Kosmopolitanen, für immer und ewig räumlich festgelegt zu sein. Und doch entstehen die Orte aus einem Bedürfnis nach Beheimatung. Sie liefern Zeugnis ab für das Begehren, den verschiedenen Aspekten seiner selbst und vielen anderen ein gutes Zuhause zu schaffen, eine neue und eher unsentimentale Form von Heimat. ●

Hühner

Leben in einigen Gemeinschaftsgärten, z.B. im Interkulturellen Garten Aalen, in den Leipziger Nachbarschaftsgärten und bei ▶Annalinde. Die Stadtpflanzer, eine Gruppe von Landschaftsplanern und -architekten, haben für Annalinde einen Prototypen „Hühnerhaus für Gemeinschaftsgärten" gebaut. Nach Auskunft der Gärtner erwirtschaften die Hühner ihren Lebensunterhalt (sprich ihr Futter) übers Eierlegen mit etwas Glück selbst. Die Leute nehmen sich z.B. die Eier aus dem Kühlschrank und legen Geld in die Futterkasse. Klar, dass auch bei der Hühnerhaltung alte Rassen beliebt sind und die Aufspaltung in der Züchtung zwischen Eierproduzenten und Fleischlieferanten nicht toleriert wird. ●

Interkulturelle Gärten

Ein besonderer Typ der neuen Gemeinschaftsgärten und eine frühe Form. Die Interkulturellen Gärten tauchten erstmals Mitte der neunziger Jahre in Göttingen auf. Hier warteten bosnische Flüchtlingsfrauen im Migrationszentrum auf ein Ende des Bosnienkrieges. Arbeiten durften sie als Asylbewerberinnen nicht in Deutschland, etwas Vernünftiges zu essen gab es in den vorkonfektionierten Lebensmittelpaketen auch nicht. Eine Sozialarbeiterin fragte die Frauen, was sie am meisten vermissten. Alle sagten mit leuchtenden Augen: Unsere Gärten! Wir haben zu Hause Großfamilien versorgt, und hier sitzen wir rum und besticken Deckchen. (Müller 2002, S. 16) Gleich am nächsten Tag machte man sich auf die Suche nach einem Grundstück und begann mit Menschen aus Äthiopien, Iran, Irak und Afghanistan Gemüse anzubauen.

Schnell zeigte sich, welch fruchtbare Form des Austausches zwischen den (hauptsächlich) Frauen unterschiedlichster Herkunft dabei entsteht. Beim Tausch von Rezepten und Saatgut, beim Abendessen aus dem selbstgebauten Lehmofen und beim Verschenken von Ernteüberschüssen geht es immer auch darum, Differenzen und Gemeinsamkeiten auszudrücken, zu deuten und wertzuschätzen. Das aus den Herkunftsländern mitgebrachte Wissen über Heilkräuteranbau, über Saatgutvermehrung oder über die Zubereitung von Wildgemüse stößt auf Resonanz und schafft vielfältige Anschlüsse, z.B. zu lokalen Nachhaltigkeitsinitiativen. Die Aneignung des öffentlichen Raums durch Migrant_innen bedeutet zudem eine nicht zu unterschätzende Praxis für eine urbane Kultur der Gastfreundschaft.

Heute gibt es rund 150 Interkulturelle Gärten in Deutschland. Aber auch viele der mobilen urbanen Landwirtschaftsprojekte, Stadtteilgärten, Gemeinschaftsdachgärten sowie Kiez- und Nachbarschaftsgärten verstehen sich als inter- oder transkulturell, ohne sich explizit so zu nennen. ●

⟶ www.interkulturelle-gaerten.de
⟶ www.urbane-landwirtschaft.de

Improvisieren

DIY-Projekte sind nicht in erster Linie durch Planung, Institutionalisierung und Routinisierung bestimmt. Vielmehr werden Antworten auf Unbestimmtheit in der Improvisation gesucht. Den großen Plan und oft auch die klare dauerhafte Zuständigkeit gibt es hier nicht und Hierarchie nur begrenzt. Es gibt immer etwas zu tun. Es tauchen ständig Probleme auf, die ein Ausprobieren in Gang setzen. Man weiß im Vorhinein nicht, wohin der eingeschlagene Pfad führt, man erfährt es unterwegs. Fehler werden toleriert, Scheitern ist erlaubt. Irgendwie wird es schon. Genauso auch die Architektur der Dinge, mit denen ebenfalls improvisiert wird. Sie sind hier aus dem Zwangskorsett der Eindeutigkeit entlassen. Man traut ihnen vieles zu. Je nach Bedarf und Wunsch werden sie zusammengesucht, zusammengebaut und genutzt, mit eigenem ästhetischem Gespür. Dinge dienen hier nicht einem bestimmten Zweck, sondern es verändert sich je nach Situation der Blick auf sie und das Spiel mit ihnen. Man sieht sie in einem anderen Licht und verbaut sie neu.

Ähnlich verhält es sich mit den personalen Zuschreibungen. Sie variieren nach Bedarf. Vieles wird situativ ausgehandelt und entschieden. Grobe Zuschreibungen gibt es, die Feinheiten finden sich. Für viele der anfallenden Arbeiten akquiriert man geschickt helfende Hände. So wird z.B. periodisch zu Pflanzaktionen aufgerufen. Was während dieser Aktionen mitunter chaotisch anmutet, ordnet sich immer wieder und funktioniert irgendwie. Niemand wüsste die Grenze der DIY-Projekte klar zu bestimmen. Sie dehnen sich aus und schrumpfen dann wieder, fast könnte man sagen, sie atmen. ●

Kartieren

Ebenso wie andere Medien der Abbildung sind Karten in Besitz- und Machtverhältnisse verwoben. Karten zeigen und perpetuieren Aneignungs- und Nutzungsprozesse von Land und waren insbesondere in der Kolonialzeit ein wichtiges Herrschaftsinstrument. Immer noch existieren jene Darstellungen (z.B. Mercator-Projektion), die u.a. den afrikanischen Kontinent im Vergleich zu Europa und Nordamerika nicht getreu seiner wahren geographischen Größe zeigen. Heute haben sich vielerorts, z.B. in Südamerika, Ansätze einer kritischen Kartographie herausgebildet, die die Politik der Missrepräsentationen thematisieren und die bislang nur „Dargestellten" selbst als Kartograph_innen ermächtigen.

Auch in der Stadt der Commonisten werden partizipative Kartierungen eingesetzt, um sich in kollektiven Prozessen räumlicher Bewusstwerdung Besitzverhältnisse, aber auch Freiflächen und offene Räume vor Augen zu führen und diese dann mit interessierten Anwohnern zu vernetzen. ●

⟶ www.orangotango.info
⟶ www.grünanteil.net

Kartoffelkombinat

Noch vor einem Jahr kannten die beiden Gründer das Kürzel CSA nicht. Heute stehen sie einer Genossenschaft vor, versorgen mehr als 200 Münchener Haushalte mit regionalem Biogemüse und wissen, dass CSA für Community Supported Agriculture steht, zu Deutsch: solidarische Landwirtschaft. Dabei schließt sich ein stadtnah wirtschaftender landwirtschaftlicher Betrieb mit einer Gruppe von Haushalten zusammen. Das Ziel: Sie teilen sich die Ernte und ihre Kosten.

Die jungen Vorstände des 2012 gegründeten Kartoffelkombinats wollen dem Gemüse seinen Preis nehmen und die Trennung von Produktion und Konsum verflüssigen. Keinesfalls verstehen sie sich als Biokistenlieferservice mit zugekauften Orangen und Kiwis. Ihr Fokus liegt im Aufbau eines lokalen Netzwerks, das die Genossenschaftsstruktur perspektivisch auch für die Organisation der Kinderbetreuung und der Pflege älterer Genossen nutzen will.

Zunächst ist das Kartoffelkombinat ein Versuch, der globalisierten Nahrungsmittelindustrie auf regionaler Ebene konstruktiv zu begegnen. Entsprechend hoch sind die Ziele gesteckt: Foodmiles reduzieren, sich selbst gesund ernähren, saisonale und regionale Qualitäten entdecken, kleinbäuerliche Strukturen erhalten, alte Sorten fördern. Nicht, um sich zu beschränken, nicht um zu verzichten, sondern um Anschluss an Dinge und Zusammenhänge herzustellen, die man erhaltenswert findet.

Mittelfristig soll zunächst eine komplette Biogärtnerei am westlichen Rand von München in Genossenschaftsbesitz übergehen. Ab 500 beteiligten Haushalten könnte sich das Vorhaben dann sogar rechnen. Aber Geld mit Lebensmitteln zu verdienen, das ist schon lange nicht mehr leicht. Was also treibt die studierten Mittdreißiger an? Ihre Motivation ist typisch für viele DIY/DIT-Akteure: Sie sind davon überzeugt, dass nicht das Lamento oder die theoretische Analyse die Welt zum Guten verändert, sondern eine von vielen Akteuren kollektiv getragene Praxis. Diese wird als Experimentierfeld begriffen und durch eigene Ideen, aber auch durch die zahlreichen Anregungen der ▶ Crowd nach und nach geformt. ●

→ www.kartoffelkombinat.de
→ www.solidarische-landwirtschaft.org

Körper

Das DIY kennt viele Körper. Symbolisch-semiotische Arbeiten werden mit solchen, die körperlichen Krafteinsatz, Geschick oder Geduld fordern, verbunden. Und natürlich fließt beides in eine lebendige Sozialität mit und ohne Smartphone und Notebook ein, in der die Gruppe und die von ihr beanspruchten Körper eine wichtige Rolle spielen. Am ehesten sind die DIY-Körper Künstlerkörper, die Installationen und Skulpturen, Dinge bauen. Alle Sinne sind beteiligt, alle sollen zu ihrem Recht kommen.

Dabei grenzt man sich von der Hegemonie des Sehens, wie sie in der Bildenden Kunst lange etabliert war, bewusst ab, man möchte den vielen Körpern und Sinnen entsprechen. Die körperleiblichen Zustände, die im DIY aufgerufen werden, sind vielfältig und nicht nur angenehm. Manchmal ist Schlemmen und Genuss, dann wieder Schinderei, mitunter ist DIY auch langweilig. Doch um die Ecke warten schon mannigfaltige Belohnungen für die Mühe. Bei den Bastlern ist es der Stolz auf das Selbstgebaute und ein souveränes Lebensgefühl. Bei den Gärtnern ist es alles, was mit Erde, Pflanzen und dem Miteinander im Grünen zu tun hat. Auch viel Überschwang und Witz ist im Spiel. ●

Kollektivität

Spielt in der DIY-Szene eine zentrale Rolle: Urbane Subsistenz kann nur ein gemeinschaftliches Unterfangen sein. Mehr Autonomie ist bloß im Plural zu haben, dann, wenn es gelingt, Strukturen aufzubauen, die die einzelnen auch tragen. Manche der Protagonisten erleben das so: dass nicht nur ihre Lebenszufriedenheit, sondern auch das Gefühl des Aufgehobenseins wächst, je mehr sie selber können, je mehr Leute sie kennen, die über handwerkliches und technisches Wissen verfügen.

Die Entwicklung vom Do it yourself zum Do it together ist der wichtigste Unterschied zwischen DIY früher und heute. Und eine gewisse Leichtigkeit: Die Alternativen im letzten Drittel des 20. Jahrhunderts hatten kompakte Weltbilder im Gepäck, und dadurch waren ihre Koffer auch oft sehr schwer. Die neuen Selbermacher_innen sind pragmatischer und unideologischer, auch nachgiebiger mit sich selbst. ●

Kooperation

Ist der soziale Modus vivendi des DIY. Man kann auch alleine stricken, basteln und gärtnern, aber mit anderen gemeinsam gewinnt es eine neue Qualität. Kooperation wird oft über Crowd-Sourced Websites oder ▶ Facebook organisiert, es ergeben sich aber auch Kooperationen über das Teilen von Räumen. Die Erzeugung einer Dichte, die sich begünstigend auf das Entstehen von Kooperationen auswirkt, ist der Zweck eigens ins Leben gerufener Events wie Messen, Festivals oder Aktionen, zu denen per Plakat und via Netz aufgerufen wird. Menschen kommen zusammen, der Rest ergibt sich von selbst.

Diese offene Haltung manifestiert sich auch in der vehement vertretenen Forderung, alle Wissensquellen frei zugänglich zu machen (Access to Knowledge). Man selbst trägt aktiv dazu bei und stellt Baupläne, Anleitungen und andere Wissenspartikel frei zugänglich ins Netz. Es ist dann nur konsequent, die Vorstellung einer klar zuschreibbaren Urheberschaft zu verabschieden. Als Gegenentwurf unterstützt man die Vorstellung und das Reglement der Creative Commons, das Möglichkeiten des Einschlusses und der Teilhabe zu finden sucht. ●

Kleidertausch

Organisiert z.B. Green City in München: Eintritt 3 Euro, dafür gibt es an der Theke ein Getränk. Mitgebrachte Kleidung und Accessoires (keine Bedingung) können sortiert nach Hosen, Blusen, Mänteln, Schmuck etc. auf die bereitgestellten Kleiderstände und Tische verteilt werden. Es herrscht ziemliches Gewusel, reges An- und Ausprobieren. Viele junge Leute sind da, mehr Frauen als Männer. Von einer Couchgarnitur am Rand aus kann man dem Treiben zusehen, wie sonst bei Partys dem Geschehen auf der Tanzfläche. Später wird auch Musik aufgelegt. Die Atmosphäre ist gut gelaunt und entspannt. ●

Kinder

„Karotten wachsen im Dreck? Igitt, das esse ich niemals" ist keine ungewöhnliche Reaktion von Großstadtkindern auf ihre erste Begegnung mit dem Gemüseanbau, die sich aber meist recht schnell verliert, wenn sie mehr Zeit im Garten verbringen. Kinder, die mit Gärten aufwachsen, eigene Beete bepflanzen dürfen (am liebsten mit Erdbeeren), entwickeln oft ein sensibleres Verhältnis zu Pflanzen und Tieren und womöglich auch zu Nahrungsmitteln insgesamt als Kinder ohne diese Erfahrung. In Gemeinschaftsgärten finden sie außerdem Ersatz für Naturnähe und „Wildnis", die in den Städten immer mehr verloren gehen. Die Erfahrungsspielräume, vielmehr der Radius, in dem sich Kinder bewegen können, hat sich in den letzten Jahrzehnten sukzessive verengt. Ihr Alltag ist hochgradig verregelt, undefinierte Spielplätze gibt es kaum noch.

In Gemeinschaftsgärten kommt ihr Entdeckergeist voll auf seine Kosten, Begegnungen mit Wurm und Huhn, Biene und Samen, Kraut und Rüben sind hier alltäglich. Jenseits aller (umwelt-)pädagogischen Ambitionen (der Erwachsenen) ist der Garten ein Freiraum, den sie selber definieren, wo sie sich absentieren können und auch einmal der Kontrolle entziehen. ●

Kuratieren

Ist eine im DIY-Kontext stark ausgeprägte Fähigkeit. Man versteht sich aufs Ausstellen und Anordnen von Dingen und Menschen im Raum, um das Her- und Hinstellen von Dingen, das eigentlich überall stattfinden kann. Die hier entstehenden Fügungen, Ordnungen und Atmosphären sind zum Begehen, Begreifen und Beatmen, zum Umstoßen und Neumachen gedacht. Im Gegensatz zu virtuellen Realitäten (etwa des Computerspiels) ist das DIY dingbasiert, unperfekt, nicht stabil, nicht berechen-, nicht reduzier- und also nicht reproduzierbar. Das DIY braucht die radikale Offenheit der Situation. Es geht nicht um die Erfahrung des Machens als etwas Abgrenzbares, sondern um die größtmögliche Freiheit. Man führt die Rede von der Unveränderbarkeit der gegenwärtigen Situation praktisch und mit viel Freude daran ad absurdum. ●

Kunst

Die in den letzten Jahrzehnten sich entgrenzende und hochpolitische Kunst ist vermutlich die größte Quelle der Inspiration für das DIY. ▶ ∂OCUMENTA (15) Die Form des räumlichen Bezugs, die Kapazität für das Szenografische und für Installationen bieten mannigfaltige Anknüpfungspunkte: Die offene und

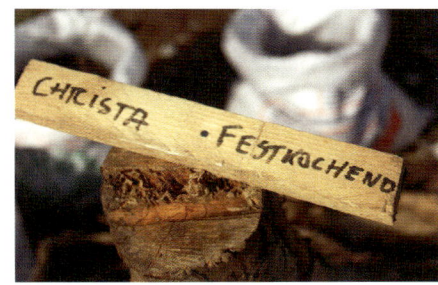

Kartoffel

K

159

nicht scharf konturierte, temporäre Form des Projekts als Lebens- und Arbeitszusammenhang, der ambivalent-prekäre Freelance-Status, der ganz und ungeteilt beteiligte Künstlerkörper, der mit vollem Einsatz all seiner Vermögen und vermittels vieler Kreativitäten entschieden ins Weltgeschehen interveniert. Habitus und Subjektivitäten der „Kunstzone" öffnen Möglichkeiten, die im DIY eine spezifische Besetzung und Weiterentwicklung finden.

Doch das DIY ist ebenso viel oder wenig Kunst wie es Wissenschaft, Technik, Wirtschaft oder Politik ist. Das Crafting und Making verbindet Normen, Sinnbestandteile und Leiblichkeiten aus allen gesellschaftlichen Bereichen und unterwandert die Abgrenzung. Man entzieht sich der eindeutigen Zuschreibung, etwa durch die Selbstbeschreibung als ▶Dilettant. ●

Knit Nite

Nie Stricken gelernt? Der Vater konnte nicht einmal eine Glühbirne auswechseln? Viele junge Großstadtbewohner hatten weder Werkunterricht noch Eltern mit Zeit oder Ambition für die Vermittlung von handwerklichem Wissen. Das wird jetzt nachgeholt, in ▶Repair-Cafés, ▶offenen Werkstätten und Knit Nites. Bei Dämmerlicht und einem Bier zwischen den Knien wird im Peer-to-Peer-Verfahren Stricken und Häkeln erlernt. In München finden Knit Nites meist in Abbruchimmobilien statt. Ihr Motto: Just Beer and Knitting. Unplugged. Außerdem neu: Immer mehr Männer entdecken das Stricken für sich. ●

⟶ www.knitnite.de

Kreativität

Das ästhetische Handeln, das sich im DIY/DIT artikuliert, wendet sich gegen die enästhetisierende Logik der rationalen Moderne, vor allem ihrer Stadtarchitektur und ihrer industrialisierten materiellen Kultur. Man hat ein Empfinden dafür, dass die Rationalität der Moderne zahlreiche Bedürfnisse der Menschen, und erst recht der Tiere und Pflanzen, verfehlt. Doch das DIY wendet sich genauso gegen die neuen Kreativ-Regimes der ästhetischen Ökonomie, die auf das einzelne Subjekt abzielen und dieses mit einem unstillbaren Begehren nach Kreativität aufladen. Dieses ästhetisch durchgestylte, therapeutisierte und womöglich gecoachte Subjekt des Marktes teilt mit den Commonisten zwar das Medium der Ästhetik. Doch geht es im DIY/DIT stets um das Kollektiv und eine Ästhetik jenseits jeder Forderung und Leistung, eine Kreativität, die sich selbst genügt und der die Welt und das, was da ist, ausreicht.

Statt der mit dem Subjekt aufs engste verbundenen Kreativität entstehen hier viele, nur locker mit dem Einzelnen verbundene Kreativitäten. Das genial-heroische Kreativ- und Unternehmersubjekt oder das über kreative Handlungen sich seiner selbst vergewissernde Subjekt sucht man hier vergebens. Stattdessen geht es den Commonisten um ein Unterlaufen dieser Subjektivitäten und um immer wieder von Neuem angestoßene Prozesse sozialer Verbindung. ●

Lasercutter

Die dritte im Bunde der computergesteuerten Lieblingsmaschinen im FabLab. Arbeitet zweidimensional, graviert in Holz, Metall, Kunststoff oder schneidet das Material. Auch für diesen Typ von Maschine werden inzwischen schon Open Source-Modelle entwickelt (z.B. Lasersaur: www.labs.nortd.com/lasersaur). Die Dingfabrik in Köln hat ihn nachgebaut. ●

Landraub

Seit einigen Jahren verschärft sich der ungleiche Kampf zwischen Kleinbauern und Großanlegern, die sich nicht selten mit kriminellen Mitteln Land für das Offshore-Farming aneignen: Land Grabbing in Afrika und Asien bezeichnet den im großen Stil stattfindenden Transfer fruchtbaren Agrarlands durch ausländische Investoren. Angebaut werden auf den oftmals ertragreichsten Flächen dann keine Nahrungsmittel mehr für die einheimische Bevölkerung, sondern Cash Crops wie Getreide und Mais für den Fleisch- und Treibstoffe-Weltmarkt.

Fruchtbares Land ist so weltweit zu einem knappen Gut geworden. Urban Gardening-Projekte sensibilisieren für den Wert des Bodens als Basis allen Lebens. Die beteiligten Akteure empfinden es als unethisch, für den westlichen Fleischkonsum Flächen in den Ländern des Südens zu belegen. Der eigene Anbau scheint ihnen als ein erster praktischer Schritt, um lokale und globale Lösungen zu finden. Einige der urbanen Gartenaktivisten verstehen sich als Teil der weltweiten Kleinbauernopposition gegen die oben skizzierten Entwicklungen. ▶Boden ●

⟶ www.viacampesina.org/en

Logo

Jedes Projekt hat eines. Ohne Marke geht nichts. ●

Lastenfahrräder

Unter der Überschrift „Postfossile Mobilität" und „Geteilte Infrastruktur" — „irgendeine Form von Räderwerk brauchst du" — bauen sich viele der Projektakteure eigene Lastenfahrräder. Im Lastenfahrrad verbinden sich mehrere Anliegen. Mit einem Lastenfahrrad unterwegs zu sein, bedeutet, dass man einsammeln kann, was einem Nützliches auf dem Weg durch die Stadt begegnet. Sie unterstützen das Urban Mining also perfekt und sind ihrerseits oft ein Ergebnis davon: Vor manchem Lastfahrradbau-Workshop steht ein Streifzug durch die Gemeinde, um herren- (und frauen-)lose Fahrräder zu „ernten".

Lastenfahrräder sind beliebt, weil sie umweltfreundlich sind, im Vergleich zu Handkarren die richtige Geschwindigkeit haben und eine perfekte Verbindung zwischen großer und vielfältiger Last und eigener Tätigkeit schaffen. Dass man so viel mittels eigener Körperkraft bewegen kann, fühlt sich gut an. Auf kurzer bis mittlerer Strecke sind sie unschlagbar gut im Vergleich zu anderen Vehikeln. Es kommt natürlich auf die richtige Ausstattung an, einen Regenschutz beispielsweise sollte es schon geben. Lastenfahrräder werden von der Community laufend weiterentwickelt bzw. angepasst. ●

⟶ www.werkstatt-lastenrad.de

Medien

Sind Teil des DIY bzw. des Commoning in und zwischen den verschiedenen Projekten. Wichtig ist in diesem Zusammenhang das Internet, dessen Medienökologien der Kommunikation eine Struktur verleihen. ▶Facebook Die DIY-Akteure wechseln bruchlos zwischen der Face-to-Face-Interaktion und der medial vermittelten hin und her. Hat man z.B. etwas gebaut, fotografiert man es und lädt es ins Netz, um es mit anderen zu teilen. Braucht man Hilfe bei der Bestimmung einer gefundenen Pflanze, ist es auch in diesem Fall naheliegend, sie zu fotografieren und online zu stellen. Andere kennen sie vielleicht. Es lohnt jedenfalls den Versuch. Die lokal verorteten und räumlich begrenzten Interaktionen werden um entgrenzte Peer-to-Peer-Beziehungen ergänzt. Auf diese Weise entstehen vielfältige lokalglobale Zusammenhänge, die zu gegebenem Anlass und temporär begrenzt als Bewegung in Erscheinung treten können.

Das Verhältnis zu den Printmedien ist gänzlich anders gelagert als das zum Selbst-

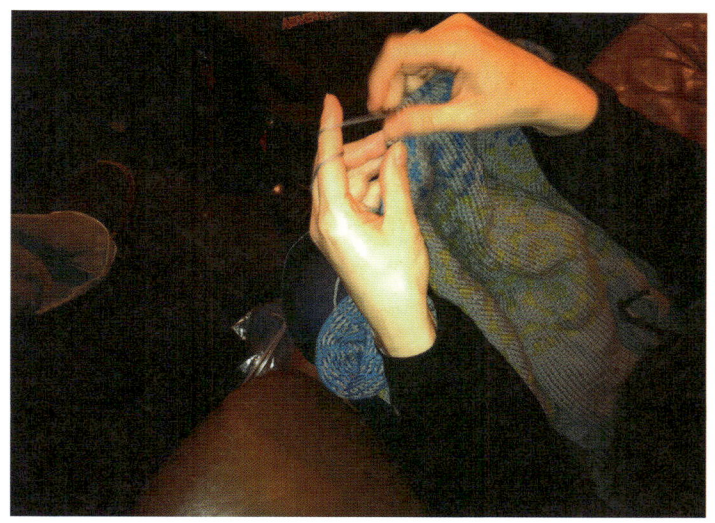

K

L

↓ Mischkultur

↓ Mobile Küche

M

↓

Mobiler Anbau

bausatz Internet. Vor allem die großen Zeitungen und Zeitschriften sind vom DIY fasziniert und haben es als Thema entdeckt. Das betrifft vor allem die Gemeinschaftsgärten, die als Orte visuell mehr hergeben als die Werkstätten. Die Gemeinschaftsgärtner bedienen das Interesse der Printmedien im Allgemeinen gerne. Sie sehen es als Ressource, die früher oder später von Nutzen sein kann. Auch ist es ihnen ein Anliegen, für ihr Projekt und ihre Sicht der Dinge ein Publikum zu finden. Sie lernen nach und nach, als Interviewpartner und Fotomotive zu agieren. Versiert produzieren sie Verwertbares und machen gerne mit beim Spiel der Medien.

Zuletzt ist da noch der Dinosaurier Buch und die ▶Bibliothek als Büchersammlung, vielfach immer noch gleichgesetzt mit Bildung. Spätestens nachdem Bibliotheken in den Occupy-Camps zum „Must Have" wurden, sind sie auch im DIY Pflicht bzw. werden als materielles Arrangement genutzt, das den Anspruch, ein Bildungsort zu sein, deutlich unterstreicht. Tatsächlich passt es zum DIY, sich aller vorhandener Mittel zur Lösung eines Problems zu bedienen. Und natürlich wollen die Akteure ihr Wissen und ihre Perspektive an andere, auch Leser von Büchern, weitergeben. Aus diesem Grund verfassen DIY-Akteure selber in zunehmendem Maße Bücher oder andere Druckwerke oder inspirieren diese. ●

Maker

Maker benutzen computergesteuerte Werkzeuge, entwerfen am Bildschirm und nutzen zunehmend Desktop-Werkzeuge für die Fertigung. Sie gehören zur Web-Generation, stellen ihre Entwürfe automatisch online, entwickeln sie in Online-Communitys weiter und nutzen genormte Dateistandards, um sie von kommerziellen Dienstleistern produzieren lassen zu können (Anderson 2013, S. 33). Sie verstehen sich selbst als Pioniere und als Protagonisten der dritten industriellen Revolution und arbeiten daran, den Herstellungsprozess von physischen Gegenständen dem Herstellungsprozess von digitalen Produkten anzunähern. Sie prognostizieren, dass sich die Produktion von industriell gefertigten Gebrauchsgütern in die Industrieländer zurückverlagern, dass viele kleine Fabriken die Megafabriken ablösen werden und dass im Prinzip allen der Zugang zur Produktion der Dinge offen stehen wird.

Die digitale Hightech-Fertigung werde es perspektivisch allen Menschen erlauben, „nach Bedarf große Fabriken für die eigene Herstellung zu nutzen" (ebd., S. 82). Oder auch, eigene Fabriken zu gründen. Anderson nennt das, den Geist des DIY zu industrialisieren. Maker arbeiten außer am Bildschirm auch gerne in „Makerspaces", das sind gemeinsam genutzte Produktionsstätten (weltweit ca. 1000, auch FabLabs), meist örtliche Gemeinschaftsprojekte, aber es gibt auch bereits eine Kette namens „TechShop", die Werkstätten betreibt, wo man Mitglied werden kann wie in einem Fitnessclub (Anderson 2013, S. 30f.).

Maker waren, so Anderson, einst Konsumenten, die etwas haben wollten, was es noch nicht gab. Deshalb haben sie es selbst gemacht. Dass sie zu Produzenten wurden, hat ihre Konsumorientierung aber nicht grundlegend verändert. Sie optimieren das industrielle Prinzip, sie stellen es nicht, wie DIY/DIT, infrage. ●

Mundraub

Beschreibt sich selbst als Obstallmende. Mundraub ist ein typischer DIY-Hybrid: zusammengesetzt aus einer Crowd-Sourced Website, auf der eine Vielzahl von Nutzer_innen Obstbäume und -sträucher eintragen, deren Früchte geerntet werden dürfen, und einem hinter Markierung und Verzeichnung sich öffnenden Raum eigenen Typs: einem Genuss-Archipel. Das „herrenlose" Obst wird als Schatz verstanden, den es zu finden und zu heben gilt. Mundräuber sind keine Bauern. Sie sind nicht an die Erde gebunden, sie hegen und pflegen nur begrenzt, sie bauen nicht an, um ernten zu können. Meist besteht die Mundräuberpraxis darin, die eingezeichneten Bäume oder Sträucher aufzusuchen und sie abzuernten. Etwa im Rahmen einer Fahrradtour und in Verbindung mit einem Picknick, in der Regel zusammen mit anderen. Danach wird das geerntete Obst dann eingekocht oder anderweitig konserviert.

Das klingt recht einfach. Tatsächlich aber erschließt das Mundräubern vielen Beteiligten eine komplett neue Welt. Der Bezug zu Obst und anderen Nutzpflanzen, zu Ernährung und zu Landschaft verändert sich mit der Pflück- und Ernteerfahrung. Man trachtet danach, Unwissenheit und Unbeholfenheit im Umgang mit den Früchten durch den Austausch mit anderen Mundräubern zu verringern. Auf der Facebook-Seite von Mundraub gibt es viele Statusmeldungen über Obstsorten, die identifiziert werden müssen, und über alles, was mit Einkochen und der Zubereitung von Speisen zu tun hat. Man will es wissen und man will es gut machen. Man empfindet Dankbarkeit für die Großzügigkeit der Obstbäume, die scheinbar nichts von denen fordern, die ihre Früchte ernten. Im Gegenzug wird es zum Bedürfnis, die Obstbäume zu beschützen und zu erhalten. Aus Räubern werden Verbündete. ●

⟶ www.mundraub.org

NeuLand

Es begann mit einem Smartmob bzw. mit dem Ärger über die ungenutzte Fläche der ehemaligen Dom-Brauerei, die seit Jahren zwischen Köln-Bayenthal und Südstadt brach lag. Wohl weil es in Köln diverse solcher Grundstücke gibt, wo Anwohner vorzeitig vertrieben und Gebäude abgerissen wurden, weil ein Investor das so wollte oder die Stadt damit spekulierte, Gemeineigentum zu Geld zu machen, folgten im Juli 2011 spontan mehr als hundert Leute dem Aufruf, das Areal zu besetzen und gemeinsam zu überlegen, was sich hier anstellen ließe, solange Entwicklungspläne und Bauvorhaben nicht umgesetzt werden. Die Idee, einen Gemeinschaftsgarten — NeuLand — zu gründen, entstand dann noch am selben Nachmittag. Sieben Leute gründeten einen Verein, um das Projekt voranzubringen.

Nach zähen Verhandlungen mit Stadt und Land bewirtschaftet die Initiative aus Stadtaktivist_innen, Anwohner_innen und Urban Gardening-Begeisterten derzeit 3000 m² auf der anderthalb Hektar großen Industriebrache. Heute sieht man kaum noch, wie viel harte Arbeit in dem Garten steckt. Zunächst mussten sie den Grund komplett mit wasserdurchlässiger Folie abdecken, danach haben die Freiwilligen tonnenweise Erde, zehn Lastwagenfüllungen voll, aufgebracht. Das war die Auflage des Eigentümers, weil auf dem Gelände eine Schwermetallbelastung vermutet wird. Eine Gruppe von FH-Studierenden will demnächst mit Heilpflanzen — mit den Boden heilende Pflanzen — experimentieren.

Die rote Erde, die dem Garten sein einzigartiges Aussehen verleiht und an die eisenhaltigen Böden in den Tropen erinnert, stammt vom Tennisplatz. Auch eine Form von ▶Upcycling: Tennisplätze werden alle fünf Jahre abgetragen und neu aufgeschüttet, und normalerweise müssen die Tennisplatzbetreiber die alte Erde teuer entsorgen. Auch die Folie unter dem Aschenboden stammt aus industrieller Nutzung.

Mittelpunkt des Gemeinschaftslebens im Garten, nicht nur bei schlechterem Wetter, ist die „Halle des Volkes". Der Name ist wohl eine leicht ironische Reminiszenz an die sozialistische Idee. Tatsächlich meint man es ernst mit der Basisdemokratie und der Offenheit für alle Bevölkerungsschichten im Veedel. Der luftige Unterstand erinnert entfernt an ein südostasiatisches Langzelt. In der Mitte stehen Tisch und Stühle, am Rand findet sich Stauraum für allerlei Gut, eine Kochstelle, eine Spüle, die Wurmkiste; in den Verstrebungen unter dem Dach werden Dinge gelagert, Balken, Teppiche, Papierrollen. Auch Vorräte, Sämlinge u. Ä. finden hier Platz, das alles erinnert an Bewirtschaftungsformen, wie man sie aus Ländern des globalen Südens kennt. Aufbau und Organisation des Zeltes wirken entsprechend improvisiert, leicht, aber gut durchdacht. NeuLand will mit dem temporären Gartenprojekt einen Beitrag für eine nachhaltige Stadtentwicklung von unten leisten. Die jetzige Brachflächennutzung soll später in die Planungen des avisierten neuen Stadtviertels einfließen. ●

⟶ www.neuland-koeln.de

N

Nähcafé

In Berlin und inzwischen selbst in Bielefeld gibt es diese Mischformen zwischen Werkstatt und Ladenlokal, wo eine Schneiderin oder Kostümdesignerin ihr Know-how und ihre Maschinen geneigten Nutzer_innen zur Verfügung stellt. In Bielefeld heißt das Nähcafé „Traute & Muse. Raum für textile Anliegen". Der Name ist Programm, die Möglichkeiten unbegrenzt. Hier bietet die Betreiberin Knöpfe und Stoffe zum Verkauf, außerdem Beratung, Begleitung, Austausch, Nähmaschinennutzung, Kinderbetreuung, Workshops sowie Kaffee und Kuchen an. Das bunte Angebot richtet sich gleichermaßen an Leute, die immer schon einmal nähen lernen wollten, wie an solche, die nicht gerne allein vor sich hinwerkeln, sondern die die halböffentliche, informelle, produktive, kollegial-kollektive Atmosphäre in einer Werkstatt schätzen.

Die Ladenbesitzerin ist für Dilettantismus ebenso offen wie für Perfektion. Hier werden, ganz klassisch, Ballkleider entworfen und geschneidert, aber auch Hosen gekürzt, an Lieblingsteilen herumgewerkelt oder Alt mit Neu kombiniert, einfach und raffiniert, und genau diese Mischung ist typisch und macht die Attraktivität des Ortes aus. Die Nähcafés stellen eine Synthese von kleinem Gewerbe bzw. Unternehmertum mit Do-it-yourself-Happenings her. Das Motiv für die Aktivistinnen im Bereich Selbernähen und ▶ *Fashion Reloaded*: Sie wollen etwas gegen den drohenden Kulturverlust unternehmen und Fertigkeiten, die in andere Weltgegenden verlagert wurden, wiederbeleben. ●

← Nomaden

DIY bewegt sich zwischen den Polen Lokalität und Globalität. Die Projekte sind räumlich verortet, fügen sich in die Umgebung ein und verbinden sich mit den Nachbarschaften. Zugleich bilden sie Destinationen für urbane Nomaden, die sie auf ihrer Landkarte haben und gezielt ansteuern. Orte des DIY und DIT bestehen aus einem Netzwerk ähnlicher Sphären und Landschaften. Die hier zusammengetragenen Dinge, die sich versammelnden Körper, das Wissen und auch die Pflanzen sind Teil nomadischer Bewegung. Ein Ort entsteht, wird vom Zusammenspiel vieler (nicht nur Menschen) belebt und vergeht nach einer Zeit wieder.

Im ▶ *Prinzessinnengarten* baute 2011 eine aus London kommende Künstlergruppe aus zusammengesammelten Althölzern und Fensterscheiben ein nomadisches Restaurant in Form von sieben Baumhäusern, das sie „The Pale Blue Door" nannte (Nomadisch Grün 2012, S. 88f.). Die Poesie der Baumhäuser beeindruckte mit ihrer Inszenierung temporärer Beheimatung und Gastlichkeit. Die reisenden Künstler brachten außer sich selbst und ihrem Transporter nichts mit und waren dennoch bald in der Lage, Gäste zu bewirten. Gast oder Gastgeber? Der Unterschied wird eingeebnet. Egal woher du kommst, du bist immer zu Hause und du kannst immer etwas geben.

Diesem Lebensgefühl entspricht das Provisorische und Unfertige der materiellen Kultur: Der häufig anzutreffende Container ist zugleich Metapher und auch unverzichtbare Hardware des modernen Nomaden. Ebenso der Bauwagen, aus Bierkisten und Brettern zusammengefügte Möbel, Brotkisten als Regale oder Pflanzencontainer. Das Nomadische verheißt eine situative Unabhängigkeit von den mannigfaltigen Zugriffen, Zumutungen und Zuschreibungen des hyperfunktionalen Kapitalismus. ▶ *Heimat* ●

Offene Räume

DIY-Projekte erzeugen offene Räume. Der Zugang ist frei. Es müssen keine Eintrittsgelder entrichtet werden. Es gibt auch keinen Verzehrzwang. Die Orte sind darauf angewiesen, sich von den Anwesenden und von anderen Kräften und Einflüssen inspirieren und formen lassen. Dabei gibt es allerdings einen normativen Rahmen, der nicht alles toleriert. Man interveniert, wenn Dinge geschehen, die dem Projekt schaden. ●

Offene Werkstätten

Mit den Neuen Sozialen Bewegungen entstanden seit den 1970er Jahren in vielen Städten offene Werkstätten; als Bestandteil soziokultureller oder Jugendzentren, als temporäres Angebot einer ansonsten erwerbsmäßig genutzten Werkstatt, als mobile Werkstatt für die Nachbarschaft oder als Werkstadthaus. Meist verdanken sich die Initiativen, die solche Werkstätten einrichteten und betreuten, zivilgesellschaftlichem Engagement; im Rahmen sozialer Arbeit wurden offene Werkstätten mitunter auch finanziert. Es gibt Häuser, die nur ein Gewerk beherbergen und solche, die ein breites Angebot bieten (vom Tischlern und Schweißen über Nähen und Goldschmieden bis hin zu Kochen und Papierschöpfen).

Beschränkte sich das Angebot früher oft auf klassische Gebiete, wird es heute zunehmend durch hightech betriebene Werkstätten ergänzt. Ein Café für die Pause, zum Fachsimpeln und zum Hosten von Veranstaltungen findet sich meist auch. Offene Werkstätten holen private Eigenarbeit in den öffentlichen Raum, sie ermöglichen ihren Nutzer_innen, sich auch in der Erwerbs- und Konsumgesellschaft als selbsttätig zu erleben. Sie fördern und bewahren handwerkliche Fähigkeiten, sie ermutigen Menschen, Dinge in die eigenen Hände zu nehmen, ihre Kreativität zu entdecken. Mit der Renaissance von DIY erhalten die Werkstätten neue Impulse und wenden sich in neuer Weise der pluralen Stadt zu, als deren Teil sie sich begreifen.

Und es entstehen weitere Werkstätten, z.B. ▶ *FabLabs* als Teil einer dynamisch sich entfaltenden Landschaft des DIY/DIT. 2009 gründete sich der Verbund Offener Werkstätten. Er koordiniert Austausch, Kooperation und gemeinsame Lobbyarbeit. Mitgliederzahl: ca. 50, Tendenz steigend. Ein jährliches Treffen der Projekte findet immer in einer anderen Stadt statt. ●

→ www.offene-werkstaetten.org

Open Design City

Die Open Design City gehört zum Betahaus in Berlin-Kreuzberg. Das Erdgeschoss des Betahauses dient gleichzeitig als Café, Treffpunkt, Arbeits-, Lese- und Veranstaltungsraum. Das Inventar ist schlicht und multifunktional und großenteils selbst gebaut, ansonsten sieht man Retro-Inventar im Stil der 1960er Jahre. Also Möbel, die modern waren, bevor das Gros der heutigen Nutzer geboren war. An den Wänden sind Steckdosen in Reihe montiert für die Notebooks derjenigen, die hier sitzen und online sind.

Es handelt sich um das Habitat eines neuen Typus von Erfinder-Unternehmer mit kybernetisch- informativem Hintergrund. Der Raum beherbergt Mitglieder der globalen Web-Avantgarde. Man profitiert von der Nachbarschaft und dem Austausch mit Gleichgesinnten. Man schätzt die weltläufige Atmosphäre und ein Gefühl von Weite und Großzügigkeit, das in dieser postmodernen Karawanserei vorherrscht.

Die Nutzer der Open Design City bilden eine andere Szene. Mit ihren kybernetischen Nachbarn teilen sie das Ethos des Erfindens, des Selbermachens. Auch sie nutzen Notebook und Internet. Auch sie kollaborieren, arbeiten eng mit anderen zusammen an Problemen und Projekten. Doch unterscheiden sie sich von ihren Kollegen in mancherlei Hinsicht. Sie sind entschiedene Spieler, sie gründen in der Regel keine Start-ups, die Kapital anziehen wollen. Ihr Habitus ist verspielt, nicht durchgestylt, eher phantasievoll, schwer zu lesen. Sie schreiben keinen Code, der schließlich ihr exklusives Eigentum darstellt. Genau dagegen treten sie an. Der freie Zugang zu allen Ressourcen steht im Zentrum ihrer Aktivitäten. Dieses Postulat wird kompromisslos und radikal vertreten und bestimmt die hier ausgebildete Vorstellung von Demokratie.

Prinzipiell darf jeder mitmachen und seine eigene Form finden. Man arbeitet zusammen, teilt und hilft einander. Man hat eine gute Zeit miteinander. Darauf kommt es an. Nicht unbedingt auf das Resultat oder ein vorbestimmtes Ziel. Hier herrscht ein konstruktiver Geist, der sich leicht anfühlt und be-

schwingt. Hier treffen sich Erfinder-Macher-Künstler, die multipel nach Verbindung streben und Unterschiede nicht überbetonen. Man meint es gut mit der Welt und ihren Ressourcen und tut sich zusammen, um Praxen, Verfahren und Produkte zu entwickeln, die das Postulat von Knappheit und Wachstum durch einen Blick ersetzen, der freundlich auf das Vorgefundene schaut, etwas Wertvolles in ihm erkennt und es mit anderen gemeinsam birgt. ●

Outdoorküche

Der Trend zum Draußensein ist ungebrochen; die Grenzen zwischen Innen und Außen sind längst fluide und bürgerliche Vorstellungen von Privatheit zunehmend im Verschwinden begriffen. Immer mehr Lebensraum wird von drinnen nach draußen verlegt; Gartenbesitzer tragen ihre Wohnmöbel ins Freie, sitzen auch im Winter mit Decken auf dem Schoß im Außenbereich der Cafés und bauen sich aufwändige Outdoorküchen in den Terrassenbereich. „Im Garten halten's die Leute wie in der Küche: Bei der Technik klotzen, beim Grünzeug sparen" kommentierte brand eins (12/2008) den Outdoortrend, und dieser Befund trifft wohl auch auf weite Teile der distinktiven Ausweitung des Innenraums zu Zwecken der Selbstinszenierung zu: ausladende Plastiksofas, teure Küchenelemente, billiges Grillfleisch.

In den Outdoorküchen der urbanen Gärten ist es umgekehrt: In den ausgemusterten Hafencontainern und Bretterkonstruktionen aus recycelten Altmaterialien und geschenkten Resthölzern werden frisch geerntete Pflanzen aus lokalem Anbau gemeinsam gekocht und verspeist. Gemeinsam ist beiden Formen die Nähe zu Camping und Picknick, die Vorliebe für weniger beengte und mit Konventionen belegte Wohnverhältnisse. Draußen galten immer schon andere Regeln als drinnen.
▶ *Gartendinner* ●

o'pflanzt is!

Der Münchener Gemeinschaftsgarten o'pflanzt is! ist der Hippie unter den neuen urbanen Gärten. Das grün-orange Logo ist floralfließend und das Gelände unweit des Olympiaturms radikal partizipativ designt. Allergrößten Wert legt das 2012 von zwei jungen Frauen initiierte Gartenkollektiv auf Recycling: Holzfenster aus Abbruchhäusern verwandelten sich in Frühbeete, Paletten von der Baustelle in Wabenbeete, Container aus der benachbarten Druckerei in Wasserbehälter. Die Kompost-Toilette wurde aus Rundhölzern geschenkter Möbel und entsorgter Hockey-Tore gebaut und die wiederum mit einem in der ▶ *werkbox3* selbst gebauten Lastenfahrrad angeliefert. Diese Liste ließe sich mühelos fortsetzen und zu einer komplexen Geschichte der ▶ *Dinge* verweben. Zu verdanken ist dies den Protagonisten, die nicht in erster Linie zum Gemüseanbau in den Garten kommen, sondern das 3300 m² große Gelände als Open Air-Werkstatt und Umdeutungsort für das nutzen, was sie in der Stadt finden.

Die verwilderte Brachfläche auf der Grenze zwischen Schwabing und Neuhausen war als Pressedorf für die Olympischen Winterspiele vorgesehen. Nachdem Münchens Bewerbung scheiterte, wird das Gelände in Besitz des Freistaats Bayern nun gemeinnützig und nach basisdemokratischen, permakulturellen, biologisch-dynamischen Prinzipien bewirtschaftet. Die Vereinsmitglieder wollen über das Gärtnern Themen wie Naturbewusstsein, Selbstversorgung, Artenvielfalt und lokale Kooperationsformen erleb- und erfahrbar machen.

o'pflanzt is! versteht sich als urbane Allmende. Jede/r kann jederzeit mitmachen, freier Zugang zu den materiellen und immateriellen Ressourcen des Gartens bei hoher Verantwortlichkeit für das Ganze ist der zentrale Grundsatz des Projekts. Das soziale Gemisch ist erstaunlich vielfältig. Neben Ökologen, Bastlern und Pflanzenliebhabern aus bürgerlich-akademischen Milieus bestreiten hier auch Menschen mit geringem Einkommen einen Teil ihrer Versorgung. Die urbanen Gärten sind nicht nur selbst Produzenten von Bio-Gemüse, sondern oft auch in lokale Netzwerke des Weitergebens von übriggebliebenen oder nicht mehr verwertbaren Lebensmitteln eingebunden. Wie auch der Kölner Garten ▶ *NeuLand*, versteht sich o'pflanzt is! als Teil der Foodsharing-Bewegung. Zudem will der Garten, u.a. mit dem ebenfalls in München ansässigen ▶ *Kartoffelkombinat*, Netzwerkstrukturen für Selbstversorgung in der Stadt aufbauen.

Die 40 konstant am Projekt Beteiligten pflegen einen entspannt-selbstbewussten Umgang mit den Medien, obwohl der Andrang groß ist. Bis zu fünf Anfragen pro Woche von Radio- und Fernsehsendern und Printmedien werden regelmäßig vorsortiert. Das Kollektiv hat sich dabei auf ein Ranking geeinigt: Lokalredaktionen werden sofort eingeladen, überregionale Medien, wenn es die Zeit erlaubt. TV-Sender, die mit einem vorgefertigten Storyboard drehen wollen und alle Einstellungen schon geplant haben, sind dagegen chancenlos. ●

→ *www.o-pflanzt-is.de*

Performativität

Im Mittelpunkt des DIY steht die gemeinsame Hervorbringung. Man lässt sich darauf ein, dass es nicht darum geht, zielstrebig die eigene Absicht umzusetzen. Sondern darum, sich mitnehmen zu lassen, sich mit anderen in einen Fluss von Ereignissen zu begeben, dessen Wechselfälle, Wendungen und Abfolgen weder vorhersehbar noch steuerbar sind. Man wagt den Sprung ins Offene und wird Teil einer basisdemokratischen Kultur, die sich letztlich selber dynamisch herstellt. Man vertraut dem Potenzial der Vielen. Diese Praxis versteht sich als Antidot zu den hegemonialen Strukturen des Techno-Perfektionismus.

Praktisch erfordert dies eine Fähigkeit zur Interaktion, in der die Beteiligten sich gegenseitig respektieren und Differenz tolerieren. Man wird ständig mit neuen Anforderungen und Problemen traktiert, doch muss dies die Einzelnen nicht unbedingt überfordern, denn jede/r trägt ja nur einen Teil der Last. Es wird nicht endlos viel Zeit mit Brainstormings verbracht, vielmehr drängt man ins praktische Versuchen und Tun. Man bastelt sich an die Lösungen der jeweiligen Probleme heran. Etwas Neues, Interessantes, möglicherweise nie zuvor Gesehenes liegt ständig in der Luft. Mal übernimmt der eine, dann die andere die Initiative und den weiterführenden Part. Man wirft sich gegenseitig die Bälle zu.

Doch nicht nur beim Basteln, Bauen und Gärtnern, sondern auch bei der Nutzung ist das DIY eine performative Kultur, in der mehrere Spieler aufeinander bezogen sind: indem die selbst gebauten oder irgendwie zugerichteten Dinge zum Gegenstand kleiner Inszenierungen gemacht werden. DIY enthält mehr als ein Quäntchen Theatralität. ▶ *Gartenumzug* ●

Palette

Die Palette ist einer der prominentesten Gegenstände des DIY. Ursprünglich für die Industrielogistik entwickelt und hier normiert, wird sie im DIY der industriellen Nutzung entzogen und zum Universalgegenstand mit vielen neuen praktischen Funktionen und Handhabungen. ●

Prinzessinnengarten

Der Prinzessinnengarten liegt am Verkehrsknotenpunkt Moritzplatz in Berlin-Kreuzberg. Das 6000 m² große Gelände wurde 2009, kurz bevor Berlin sich zum Schauplatz eines atemberaubenden Immobilien-Booms entwickelte, von den beiden Initiatoren gepachtet. Damit startete auf dem Gelände das folgenreiche Experiment einer mobilen, partizipativen Landwirtschaft.

Durch das rosafarbene Tor betritt man einen Raum ineinander übergehender Subsphären. Mehr oder weniger dicht bepflanzte und bestellte Bereiche einerseits, diverse provisorische Bebauung wie überdachte Bühne, kleine Bibliothek, improvisiertes Mini-Amphitheater aus Bierkästen, Container-Büro und Pflanzenverkaufsstelle andererseits. Ein Zentrum des Gartens bildet die hingestreute Open-Air-Gastronomie mit Küchen- und Bar-Containern. Tische und Sitzgelegenheiten können bei Bedarf von den Besucher_innen verschoben werden.

Das Besondere und atmosphärisch Bestimmende ist, dass alle Arrangements

Q

P

Patchworks mit Pflanzenräumen verschiedenster Form und Anmutung bilden. Hier verliert die Unterscheidung von Nutz- und Ziergarten ihre Bedeutung, denn Zier- und Schmuckpflanzen im klassischen Sinne gibt es nicht, reine Nutzpflanzen aber genauso wenig. Jenseits von Park und Botanischem Garten wird bewusst eine neue und experimentelle Form der Kohabitation von menschlichen und pflanzlichen Anwesenheiten ins Werk gesetzt. Dabei werden die Pflanzen zu Aktanten, Partnern oder Mitspielern in einer neuen kreativen (Un-)Ordnung. Zwar gibt es im Prinzessinnengarten auch Bereiche, wo Pflanzen gleicher Art in Reih und Glied und ordentlich nebeneinander angebaut werden, doch sie springen auch immer wieder aus dem Rahmen, um als Einzelne oder in kleinen und unwahrscheinlichen Paarungen und Gruppierungen in den Blick zu rücken. Aus den vielen kooperativ sich zueinander verhaltenden Mitwirkungen entsteht eine Atmosphäre der Großzügigkeit.

Dabei wendet sich der Prinzessinnengarten nicht vom Getriebe der Stadt ab. Es geht nicht um ein Refugium, sondern um ein verkehrsumtostes Labor städtischen Lebens, das die Vielheit zelebriert. Während der Gartensaison wird hier tagtäglich der Beweis angetreten, dass und wie die lebenswerte Stadt der Zukunft im Kollektiv von Menschen, Pflanzen und Tieren wachsen kann: Sie entsteht dazwischen und von vielen getragen. ●

⟶ *www.prinzessinnengarten.net*

Pflanzstelle

Die Pflanzstelle ist ein mobiler, interkultureller und öffentlicher Gemeinschaftsgarten inmitten einer romantisch-verfallenen Backsteinindustrieruine in Köln-Kalk. Nachdem sich die Pionierpflanzen Sommerflieder und Robinie die Brache erobert hatten, gesellten sich 2011 Anwohner_innen hinzu, um ihre gestalterischen Kräfte ebenfalls ins Spiel zu bringen. Besonders kreativ ist die Spinn- und Färbergruppe, die auf der Pflanzstelle Wolle wäscht, kämmt, spinnt und schließlich mit Goldrute und Birkenblättern färbt. Im Winter wird dann folgerichtig gestrickt. ●

⟶ *www.pflanzstelle.blogsport.eu*

Postwachstum

Wachstum gehört zu den wirkmächtigsten Konzepten und Versprechen der spätindustriellen Gesellschaft. Wer Wachstum beschleunigt und hohe Raten verzeichnet, dem steht angeblich die Zukunft offen, der mehrt den Wohlstand. Wachstum wird als magische Formel gehandelt, auf Wachstum beruht die sozialstaatlich eingebettete Übereinkunft zwischen Kapital und Gewerkschaften, es liefert das Skript der Umverteilungskämpfe der letzten Jahrzehnte.

Auch die „mentalen Infrastrukturen" sind von der Steigerungslogik infiziert (Welzer 2011, Rosa 2005). Wirtschaft ohne Wachstum kann sich heute kaum jemand vorstellen, aber stetiges Wachstum setzt die grenzenlose Tragfähigkeit der Erde voraus. Schon heute werden um knappe Ressourcen wie „seltene Erden" Kriege geführt. Diagnostiziert werden nicht nur Peak Oil und Peak Soil, sondern gleich „Peak Everything" (Heinberg 2010, ▶ *Erdöl*). Ökologische Ökonomen halten Wachstum und Nachhaltigkeit nicht zuletzt wegen der Rebound-Effekte für schwer vereinbar (Paech 2012, Seidl/Zahrnt 2010).

Hinzu kommt: Der Zusammenhang von materiellem Wohlstand und individuellem Wohlbefinden ist nur bis zu einem bestimmten Grad nachweisbar, immer mehr von vielem macht weder glücklich noch zufrieden, so legen Ergebnisse der Befindlichkeitsforschung nahe. Menschen scheinen neben einem gewissen materiellen Wohlstand vor allem Zugehörigkeit, Anerkennung, Zeitwohlstand und soziale Gerechtigkeit zu brauchen, um Zufriedenheit zu empfinden.

Die westlichen Gesellschaften benötigen also neben neuen Institutionen auch neue Wohlstandsmodelle und -indikatoren. In den Projekten der ▶ *Commonisten* werden postmaterielle Lebensstile nun erprobt: Kooperation statt Konkurrenz, weiterverwerten statt wegwerfen, weniger kaufen, dafür gemeinschaftlich nutzen, lokale Vielfalt genießen, teilen, schenken, leihen. Sie haben verstanden, dass Postwachstum nicht nur demokratisch legitimiert, sondern auch partizipativ organisiert werden muss. Die Laboratorien der Stadtgesellschaften nehmen ihre Arbeit auf. ●

Parkgaragendach

Auch Parkgaragendächer gehören zu den Räumen, die im DYI/DIT eine Umnutzung erfahren. Einst Inbegriff städtischer Hässlichkeit und Unwirtlichkeit entstehen hier manchenorts ▶ *Himmelbeete* ●.

Querbeet

In diesem im Osten Leipzigs gelegenen Gemeinschaftsgarten gibt es — querbeet — Gemeinschaftsbeete (die von allen gemeinsam bewirtschaftet werden), Projektebeete (wo z.B. ein Kindergarten, eine Jugendgruppe eine Patenschaft übernimmt) und individuell bestellte Beete. Im sogenannten benachteiligten Quartier hat eine kleine engagierte Gartengruppe 2012 eine 5000 m² große Brache von einem privaten Eigentümer zur Zwischennutzung übernommen, dem gefällt, was auf der Fläche jetzt passiert, auch wenn er eigentlich ein Hotel oder ein Altersheim zu bauen plant. Der Eigentümer sieht sich mit der Übergabe des Grundstücks von Schneeräum- und Grasschnittpflicht befreit, im Gegenzug überlässt er den Gärtner_innen das Gelände pachtfrei.

Die Initiative wird unterstützt vom Quartiersmanagement, das sich integrative Effekte für den Stadtteil verspricht. Das entspricht dem erklärten Programm der Gärtner_innen: Wir wollen Leuten, die Hartz IV erhalten (und das sind in Leipzig viele), eine Plattform geben, etwas Sinnvolles zu tun und sich wieder gesellschaftlich einzubringen, sagt eine der Initiatorinnen. Dazu gehören auch Kulturveranstaltungen, Bildungsangebote und insbesondere Nachmittagsbetreuung für die Schul- ▶ *Kinder.* ●

⟶ *www.querbeet-leipzig.de*

Queer

DIY lädt zu Queerness ein. Obwohl es unübersehbar ist, dass Männer gerne mit großen und schweren Werkzeugen hantieren, während die Mehrzahl der strickenden Subjekte Frauen sind, wäre es falsch zu meinen, dass im DIY die tradierten Geschlechterbeziehungen ein Revival erführen. Der vielfältig bevölkerte Oikos des DIY und das sich hier ereignende Commoning setzen fraglos voraus, dass alle alles tun, verkörpern, begehren und lieben können. Und das ist nicht nur ein Lippenbekenntnis, sondern soziale Praxis.

Die hier anzutreffende Queerness bezieht sich aber nicht nur und in erster Linie auf die Überschreitung der Heteronormativität, sondern auf alle sonstigen normierten und machtgeladenen Unterscheidungen. Queer und außerhalb der geltenden Vorstellungen und Normen ist hier vor allem das Verhältnis von Menschen zu Pflanzen und zu Tieren, das grundlegend neu verhandelt wird. Die Verbindung von Veganismus und DIY ist eng. Der Anthropozentrismus der Industriemoderne verliert an Plausibilität. Jenseits eröffnen sich viele Formen dessen, was queer, also nicht normgerecht, schräg, leicht verrückt wirken mag. Die Perspektive einer „Queer Ecology" ermöglicht ein Naturverständnis jenseits von essenzialistischen Konzepten von „Ursprünglichkeit" oder „Einheit" der Natur ●.

Repair-Café

Geplante Obsoleszenz heißt: Produkte weisen Sollbruchstellen auf und gehen kurz nach Ablauf der Garantie kaputt. Eine durchsichtige Strategie der Industrie, ihren Absatz auf Dauer sicherzustellen, die mehr und mehr Leute in Rage versetzt. Gerade auch unter

R

ökologischen Aspekten empört die Materialverschwendung. Aber auch die Entmündigung — die wenigsten Produkte lassen sich noch aufschrauben und reparieren — ärgert viele. Fordern wir unser Recht auf Reparatur zurück, heißt es beispielsweise im Repair-Manifesto. Getreu dem Motto: Eine Sache, die du nicht reparieren kannst, gehört dir nicht.

Repair-Cafés sind eine praktische Maßnahme, etwas dagegen zu unternehmen. Hier treffen sich Leute mit defekten Gebrauchsgegenständen und Elektrogeräten und versuchen in gemeinsamer Aktion möglichst viele davon zu reparieren. Ein Repair-Café ist keine Reparaturwerkstatt mit Service, sondern eine Selbsthilfeunternehmung bei Kaffee und Kuchen. Der Anspruch: Jede/r wagt sich selbst an das Innenleben der kaputten Geräte heran, aber in Gemeinschaft und im Austausch der unterschiedlichen Kenntnisstände geht das natürlich besser. Erfunden wurden Repair-Cafés in den Niederlanden. In Deutschland hat z.B. die ▶*Dingfabrik* schon einige Male mit großem Vergnügen und Medien- wie Publikumserfolg mit dem Format experimentiert.●

Reissack

Lebensmittelechtes Behältnis für den Anbau von Kartoffeln. Ein in jedem Asialaden kostenlos erhältlicher Zweitverwerter für den mobilen Anbau auf knappen Flächen. Der lässig umgekrempelte Sack, gefüllt mit Humuserde, reflektiert mit seiner weißen Farbe nicht nur das Sonnenlicht, sondern ist fester Bestandteil der visuellen Ikonographie urbaner Gärten.●

Rausfrauen

Sie nennen sich Hermine und Sissi, sind Mitte bis Ende 20 und häkeln Topflappen und Tangas. Die Studentinnen der Theaterwissenschaft stricken, nähen und backen viel und gerne. Doch Hausfrauen wollen und können sie nicht sein. Vielmehr geht es ihnen um künstlerisch-politische Thematisierungen der Geschlechterasymmetrie im öffentlichen Raum. Dabei bedienen sie sich der traditionellen weiblichen Werkzeuge und Praxen und befördern die Hausarbeit in die Öffentlichkeit: „Jahrhundertelang haben Männer ‚Kunst' gemacht, und Frauen ‚Handarbeit'. Wir holen diese Tätigkeiten raus aus dem privaten Raum und stellen sie mitten unter die Architekten und Bildhauer."

Aus Hausfrauen werden Rausfrauen. Einwände wie „Das ist Mädchenkram" oder „Das machen nur Omis" lassen Sissi und Hermine nicht gelten. In ihren ▶*Guerilla Knitting*-Aktionen bewaffnen sie sich mit Häkel- und Stricknadeln, verpassen den Nixen in einem Münchener Altstadtbrunnen rosa Bikinioberteile, umhäkeln Laternenpfähle, schmücken trostlose Stromkästen mit bunten Deckchen und stellen noch eine Blumenvase drauf. Sie verwandeln morgens um halb fünf einen U-Bahn-Waggon mit Gardinen und Bildern in ein gemütliches Wohnzimmer.

Ihre Arbeiten nennen sie Verstrickungen, und genau das wollen die Rausfrauen: irritieren, verwuseln, verwischen, Geschlechterkategorien durcheinanderbringen. Sie treten undercover auf, mal mit angeklebten Strickschnurrbärten, mal als Rotkäppchen verkleidet. Zuweilen betreten sie ihre Tatorte auch als Rausmeisterduo Hermann und Siggi, in Männerbadelatschen und blauen Kitteln. Perücken tragen sie fast immer. Ihr Outfit ist ▶*queer*, ihr Auftritt freundlich. Für die Rausfrauen sind die Dinge veränderbar, im Fluss, das ist die Erfahrung ihres Tuns. Die Strick-Guerilleras wollen München wohnlich machen und freuen sich über jedes Lächeln, das ihre Interventionen bei Passanten hervorrufen.

So harmlos das klingen mag: Die Rausfrauen begehren mit ihren Installationen gegen die öffentlich repräsentierte Ordnung auf; sie verschaffen sich über ihre Methode der Verstrickung Zugang zu den Kodierungen. Ein bronzener Feldmarschall mit buntem Schal kann sich entspannen; die Interpretationshoheit über seinen historischen Status wird von den Strick-Guerilleras gehackt und damit depriviegiert und demokratisiert. Hier werden jahrhundertealte Statements der militärischen und staatlichen Macht spielerisch unterlaufen, dekonstruiert, von historischem Ballast befreit.

Dabei drehen die Rausfrauen den Spieß nicht einfach um, sie wollen nicht die Deutungsmacht an sich reißen, vielmehr ▶*teilen* sie ihre Installationen, sie fordern die Passanten auf, weiterzuarbeiten am gemeinschaftlichen Werk, das temporär ist, vergänglich, in den Strom des Sozialen aufgeht und auch entfernt werden darf.

Das ist für die urbanen Künstlerinnen ▶*Demokratie*. Der Anspruch, auch an historischen Prozessen mitzustricken und räumliche Wirkung zu entfalten, ist zugleich eine Botschaft an die ▶*Stadtplanung*. Mit dieser Politik der Zeichen kuratieren sie die Stadt ohne Unterlass. 2012 platzierten die Rausfrauen aus Anlass ihres ersten Geburtstags eine riesige Erdbeersahnetorte aus rosa Tüllstoff direkt vor dem Obelisk am Karolinenplatz. Einen Wunsch haben sie noch: dass auch Männer mehr stricken.●

⟶ *www.rausfrauen.tumblr.com*

Retro

Retro ist die (sub-)kulturelle Antwort auf die Fetischisierung des Neuen. Die ständige Entwertung des Bisherigen durch das Neue und die damit verbundene Zumutung des Anschlusses durch das Konsumentensubjekt ist ein sozialer Mechanismus, der das Subjekt in letzter Konsequenz selbst entwertet. Die Verweigerung dieser Vereinnahmung zielt ins Herz des Konsumkapitalismus. Es erfolgt eine Umwertung der Werte. Es ist jedoch Vorsicht geboten, das Spiel mit Retro kann schnell zur habituellen Falle werden.●

Saatgut

Mehr als zwei Drittel des Saatguts werden weltweit von Agrarkonzernen wie Monsanto und Bayer kontrolliert, lizensiert und manipuliert. Die urbanen Gärtner_innen verschmähen einjährige Hybridsorten aus dem Baumarkt und setzen stattdessen auf regional angepasste alte Sorten und Pflanzenvielfalt. Sie vermehren ihr Saatgut selbst und bringen es über Tauschen in Umlauf. Dass dies bis vor kurzem noch illegal war, deutet auf die Macht der Saatgutmultis. Erst 2012 entschied der Europäische Gerichtshof, dass Europas Bauern Saatgut aus alten, amtlich nicht zugelassenen Gemüse- oder Getreidesorten gewinnen und auch vermarkten dürfen (Spiegel online, 12.7.2012).●

⟶ *www.saatgutkampagne.org*
⟶ *www.freie-saaten.org www.arche-noah.at*

Stadtnatur

Das Verhältnis von Stadt und Natur, geprägt durch die moderne Industriegesellschaft, gerät seit einiger Zeit von zwei Seiten unter produktiven Beschuss. Da sind zum einen die Praxen des ▶*Urban Gardening*, verbunden mit der Wiederentdeckung der ▶*Subsistenz* und der Rückkehr der produktiven Gärten in die Stadt. Zum anderen wandern Wildtiere in Scharen vom Land in die urbanen Räume. Hier finden zugelaufene und zugeflogene Tiere wie Füchse, Kaninchen, Nachtigallen, Uhus und Wanderfalken bessere Lebensbedingungen, weniger Pestizide, mehr Futter und eine reichhaltigere Flora als in den industriell ausgeräumten und überdüngten Monokulturen des Landes. Die Artenvielfalt in Großstädten ist mittlerweile erheblich größer als in den Kulturlandschaften und keineswegs als Natur „zweiter Klasse" zu betrachten (Reichholf 2007).

Das ist ein erstaunlicher Befund und ein höchst eigener Kommentar zum Antiurbanismus vergangener Jahrzehnte. Die von Alexander Mitscherlich zu Recht kritisierte „Lebensfeindlichkeit und Unwirtlichkeit der Städte" wird durch die Praxen des DIY unterlaufen, und die Wanderungsbewegungen der Tiere verweisen heute auf die Unbewohnbarkeit des Landes.

Und was wird aus den ländlichen Räumen, die mehr denn je zu Lagerstätten von giftiger Gülle und antibiotikaverseuchtem Grundwasser sowie zum Standort von systematischer Tierquälerei in der Masthaltung verkommen? Die neuen urbanen Landwirtschaftsaktivi-

Regenbogen

R S

174

↓

Schwein

täten sind nicht Ausdruck einer romantischen Verklärung des Landes, sondern der Suche nach einer Stadt, die die wahren Kosten ihrer Existenz auf die Rechnung schreibt. ●

Siebdruck

Siebdruck liegt wie Stricken, Nähen oder Häkeln im Trend. Im textilen Bereich ist das Selbermachen besonders verbreitet. Siebdruck ist zudem ein leicht zu erlernendes Handwerk. Beim Siebdruckverfahren wird die Druckfarbe durch ein feinmaschiges, textiles Gewebe auf den Druckträger gedrückt. Besonders gerne werden in ▶ offenen Werkstätten wie der SDW in Berlin-Neukölln T-Shirts (aus fair gehandelter Baumwolle) bedruckt. So kann man sich sein Statement auf den eigenen Leib schneidern. In der SDW hatte auch das von Schüler_innen der Rütli Schule getragene Projekt RÜTLI-WEAR seine praktische Wirkungsstätte. Die von den Jugendlichen entworfenen Siebdruck-Kollektionen kommentierten die Vorgänge um ihre Schule aus eigener Sicht. ●

⟶ *www.sdw-neukoelln.de*

Schrott-regatta

Fand im Rahmen des Recycled Creativity Festivals 2012 auf der Berliner Spree statt. „RecyclerInnen, UpcyclerInnen, BastlerInnen, BootsbauerInnen und sonst alle" waren aufgerufen, aus „Müll, Schrott, Junk und Kram" ein Wasserfahrzeug zu bauen. Die bizarr anmutenden Ergebnisse wurden schließlich zu Wasser gelassen: Start der Schrottregatta. Zu gewinnen gab es Upcycling-Pokale in verschiedenen Kategorien. Mit Aktivitäten wie der Schrottregatta, Repair Days, Trash Awareness Walks oder urbanen Müllskulpturen wollen Initiatoren wie das Kulturlabor trial&error für Lebenskunst in der Konsum- und Wegwerfgesellschaft sensibilisieren. Ökopolitik jenseits des Parteienspektrums. ●

⟶ *www.recycledcreativity.info/ schrott-regatta.html*

Stadtplanung

Wem gehört die Stadt? Fragt sich das gleichnamige Hamburger Bündnis, und: Gehört sie auch denen, die besitzlos sind? Gehört die Stadt überhaupt? In Hamburg gehört sie inzwischen „ausschließlich der Wirtschaft, den Maklern und den Grundeigentümern. Die innere City ist der Nutzung der Bürger durch permanente Events längst entzogen." Sagt einer, der es wissen muss: der ehemalige hanseatische Oberbaudirektor Kossak. Er wirft dem konservativen Senat vor, im Rahmen des „Leitbilds von der wachsenden Stadt" die Gestaltung komplett der Immobilienwirtschaft überlassen zu haben (Hamburger Abendblatt vom 24.9.2012). Aber nicht nur in Hamburg liegt angesichts von voranschreitenden ▶ *Gentrifizierungsprozessen* auf der Hand, dass sich die Großstädte dringend auf eine sozial und ökologisch vertretbare Städtebaupolitik besinnen müssen.

Viele urbane Gärten verstehen sich explizit als Projekte der Stadtentwicklung von unten und wollen Beiträge zur Quartiersentwicklung, zur Nachbarschaftsgestaltung, zur Erhaltung von Freiräumen und zur Schaffung von grünen und produktiven Orten für alle leisten. Die gerade vielerorts entstehenden Kooperationen zwischen ihnen und der Stadtpolitik haben eine gemeinsame Grundlage: Es geht um die kommunale Daseinsvorsorge. Um diesen Auftrag zu erfüllen, gehört der öffentliche Raum zurück in den demokratisch legitimierten Raum des Politischen.

Bislang lautet der Auftrag an die städtische Planung, eine Versorgung der Bevölkerung mit Spielplätzen und Parkanlagen sicherzustellen. Urban Gardening ist im Kanon noch nicht vorgesehen, peinlich genau wird darauf geachtet, dass öffentliche Grünflächen allen zugänglich bleiben, das schließt den Gemüseanbau aus, auch wenn er gemeinschaftlich organisiert wird. Die politische Debatte um den öffentlichen Raum ist nach vielen Seiten hin überfällig. ●

Subsistenz

Kann man hier und heute seinen Lebensunterhalt durch andere Tätigkeiten (als durch Lohnarbeit) bestreiten, kann man sich vom Geldbedarf unabhängiger machen und sich als tätige Menschen ins Recht setzen? Gibt es auch in industrialisierten und urbanisierten Gesellschaften Möglichkeiten einer neuen Subsistenz, die die Menschen weniger konsumabhängig und zugleich fähiger macht, für sich und andere selbst zu sorgen? Diese Frage wird von Protagonisten des DIY klar mit „Ja" beantwortet. Das Motiv der DIY-Gemeinde ist eben nicht: Geld zu sparen (wie es beim klassischen Baumarkt-Selbermachen der Fall ist), sondern eher: weniger Geld zu benötigen, von Geld unabhängiger zu werden, die Geldorientierung zu vermindern. Im Selbermachen kündigt sich ein neues gesellschaftliches Verhältnis zu Subsistenz an: Wenn Haushalt und Handwerk nicht mehr als unmodern gelten, sondern Gärtnern, Einkochen, Stricken, Bauen als Avantgarde, wenn schließlich als öffentlich reklamierbares Kriterium für Lebensqualität gilt, dass man Dinge selber herstellen kann bzw. herzustellen weiß, wenn Dinge länger genutzt und aus Wohlstandsmüll Gebrauchsgüter werden, hat das womöglich weitreichende gesellschaftliche Folgen.

Subsistenztätigkeiten sind über Jahrzehnte ins gesellschaftliche Abseits gedrängt worden, sollten möglichst zeitsparend und nebenher erledigt werden. Der Haushalt wurde immer mehr ein Ort des Konsums. Frauen wie Männer sollten Lohnarbeiter, später dann Arbeitskraftunternehmer werden, alle Produkte sollten sich zu Waren umgestalten, alle gesellschaftlichen Bereiche dem ökonomischen Prinzip folgen. Doch diese Entwicklung, die die Welt tendenziell in ein Warenhaus verwandelt, gerät wegen der ökologischen und sozialen Kosten, die sie verursacht, erkennbar an ihre Grenzen.

Die Renaissance der Subsistenz ist womöglich eine erste praktische Antwort auf diese Kollateralschäden. Noch sind es wenige, die das Leben im Konsumentenmodus infrage stellen, aber die das tun, beginnen, anders zu wirtschaften und herrschende ökonomische Logiken auf den Kopf zu stellen. In der Subsistenz geben Kooperation und Solidarität den Ton an. ●

Sommercamp →

Bundesweites Treffen der urbanen Gemeinschaftsgartenprojekte, fand erstmals im August 2012 in Köln bei Gastgeberin ▶ *NeuLand* statt. Unbeeindruckt von extrem schwankenden Witterungsverhältnissen zwischen strahlendem Sonnenschein und heftigen Regengüssen tauschten die Angereisten Erfahrungen und Gedanken aus. Im Freilichtkino gab es den Film „Taste the Waste" zu sehen, in Workshops wurden das „Leipziger Flies" — eine Vorrichtung, die der vorschnellen Austrocknung von Hochbeeten Einhalt gebietet — nachgebaut und Wurmkisten gezimmert, Lebensmittelversorgung durch Genossenschaftsgründung diskutiert und Kräuterkunde gelehrt. Diese Treffen im Barcamp Format finden ab sofort regelmäßig statt. ●

Teilen & Tauschen

Die exklusive Inbesitznahme und Zurschaustellung von Gütern gilt im DIY-Umfeld als wenig erstrebenswert. Vielmehr erprobt man kollektive Nutzungsformen. Man teilt und tauscht. Auch Praxen kollaborativen Konsums finden Anwendung. Über den Konsum und die Nutzung hinaus dreht sich auch vieles um die Produktion als kollektive bzw. mit anderen geteilte Praxis. In der Open Design City etwa ist es ein alltäglicher Anblick, dass sich mehrere Leute mit ihren Notebooks um einen großen Tisch versammeln, um an einem Projekt zu arbeiten. Soziale Interaktionen werden oft über Dinge vermittelt. Man schafft auf diese Weise eine geteilte Wirklichkeit bzw. eine Wirklichkeit des Teilens, und mit jedem Geben wächst die Wahrscheinlichkeit weiterer Anschlüsse. Der neuen Leitvorstellung zufolge

S

ist ja alles, was man braucht, schon vorhanden, man muss es (oder sich selbst) nur an den richtigen Ort bewegen. Und so ist es nur folgerichtig, dass die überkommene Zuschreibung des einzelnen Individuums zu seinem exklusiven Transportmittel (hegemonial der eigene PKW) aufgebrochen und durch kollektive und miteinander geteilte Mittel — z.B. Lastenfahrräder — ersetzt wird.

Die grundlegende Respektlosigkeit für „tote" Eigentumstitel manifestiert sich auch in der Tatsache, dass man brachliegende Flächen und Häuser beansprucht und sie in angenehme Orte verwandelt. Man zerstört nichts, man baut auf, man gleicht aus, man hilft. Das dabei entstehende Gemeinwesen der Commonisten ist am konkreten Ertrag interessiert.

Das Tauschen und Teilen wird im DIY-Umfeld auch sportlich, d.h. mit einem gewissen Ehrgeiz betrieben. Es wird als reizvoll empfunden, etwas auf die Beine zu stellen, ohne dafür etwas kaufen zu müssen. Die Dinge, die man findet und die einem geschenkt werden, überraschen oft und die in sie eingeschriebenen Spuren früheren Gebrauchs faszinieren. Alles besser als langweiliges Neues. ●

Tetrapak

Essen aus der Packung besitzt in urbanen Gärten einen extrem niedrigen Coolness-Faktor. Ganz im Gegensatz zu Pflanzen in der Packung. Tetrapaks sind wie ▶*Reissäcke* oder Bäckerkisten lebensmittelechte Behältnisse für die Anzucht von Jungpflanzen. Muss man sie nur aufschlitzen und Erde einfüllen. ●

Umweltgerechtigkeit

Stadtbewohner_innen mit geringen Einkommen haben häufig nicht nur eine niedrigere Lebensqualität, sondern auch seltener Zugang zu Natur. Sie leben eher an lauten, befahrenen Straßen, sind den Emissionen stärker ausgesetzt und verfügen nicht über die monetären Mittel, um in nähere oder fernere Erholungsgebiete zu reisen. Studien haben ergeben, dass Kinder in sozial benachteiligten und dicht bebauten Stadtvierteln selten die Quartiersgrenzen überschreiten. Umweltgerechtigkeit ist eng geknüpft an den Stellenwert der sozialen Gerechtigkeit in einer Gesellschaft. Um beide ist es derzeit nicht gut bestellt.

Gemeinschaftsgärten leisten hier als offene Räume zentrale Beiträge, weil sie niederschwellig Zugang zu einem urbanen Grünraum, zu gesunder Ernährung und zu Bewegung an der frischen Luft verschaffen. In vielen Gärten gibt es auch Kooperationen mit Bioläden und Vollkornbäckereien, die ihre nicht mehr verkaufbaren Waren spenden. Wenn sich unterprivilegierte Gärtner_innen dann ihren Teil aus der allen zugänglichen „Foodsharing-Box" nehmen, erfolgt dies mit einer anderen Haltung als z.B. bei der „Tafel". Geben und Nehmen stehen hier in einem ausgewogenen Verhältnis. ●

Upcycling

Zweifellos eine Lieblingsbeschäftigung der DIY-Szene. Auch subversiv. Gefällt den Protagonisten auch deswegen, weil es der kapitalistischen Logik ein Schnippchen schlägt. Ihr zufolge sollen defekte Industrieprodukte möglichst schnell durch neue ersetzt werden, damit die Wachstumsdynamik nicht ins Stottern gerät. Die geplante Obsoleszenz lässt sich auch unterlaufen, indem man den Dingen ein zweites Leben gestattet. Müll wieder in Gebrauchsgüter zu verwandeln, sagt Marianne Gronemeyer, ermöglicht es, sich mit den Dingen in der Welt zu beheimaten: Wir brauchen eine Welt, die uns überdauert, in der wir uns, weil sie uns überdauern wird, geborgen fühlen können (Gronemeyer 2012, S. 68).

Auch der Knappheitsdiskurs verliert angesichts dieser Praxis an Überzeugungskraft: Wenn man Dinge reparieren, upcyclen, umdeuten kann, dann sind sie plötzlich nicht mehr knapp, dann ist die Welt immer voll von Dingen, die man (um-)nutzen kann. ●

Umdeuten

Eine Brache ist kein Schandfleck, sondern ein potentielles Idyll. Eine leere Milchtüte ist kein Müll, sondern ein Behältnis. Die Stadt gehört nicht den Investoren, sondern ihren Bewohnern. ●

Urban Gardening

Wenn städtische Gemüsegärten mehr an Kunstinstallationen aus Bäckerkisten, Milchtüten und Palettenbeeten als an Landwirtschaft erinnern und zudem noch an ungewohnten Orten wie innerstädtischen Brachflächen oder auf Parkgaragendächern betrieben werden, kann man sicher sein, dass man es mit einem Urban Gardening-Projekt zu tun hat. Die materielle Kultur aus gebrauchten oder verwerteten ▶*Dingen* des städtischen Konsumalltags inmitten von Pflanzenarrangements ist eine historisch neuartige Freiflächenbespielung. Sie tauchte in Deutschland erstmalig 2009 mit dem ▶*Prinzessinnengarten* auf und hat seither eine Reihe von weiteren Projekten inspiriert. Der mobile Anbau und die oft vieldeutige Gestalt stellt zunächst Fragen an die Betrachter: Wo befinde ich mich? Auf einer Containersammelstelle? Einem Handwerksbetrieb unter freiem Himmel? Ebenso wie die „Kulturfolger" Rabe und Marder sind die Gärtner_innen mit ihren Upcycling-Praxen perfekt an die Wegwerfmentalitäten in urbanen Räumen angepasst.

Urban Gardening gilt bereits heute als „avantgardistische Bewegung unserer Zeit" und „eine der politischsten Praktiken" (Lemke 2012, S. 147). Viele Gemeinschaftsgärten beteiligen sich nicht nur an lokalen und globalen Debatten über die demokratische Nutzung des öffentlichen Raums sowie über nachhaltige Stadtentwicklung, sondern auch an den Diskussionen um industrielle Nahrungsmittelproduktion, ▶*Umweltgerechtigkeit,* Biodiversität, Partizipation, Inklusion oder ▶*Landraub.* Dabei offenbart sich zugleich ein neues Verständnis von Politik und ▶*Demokratie.* Man vertraut darauf, dass das eigene Tun seinen Beitrag für gesellschaftliche Transformationsprozesse leistet. ▶*Stadtplanung*

Die neuen Formen des Politischen haben die großen Erzählungen verabschiedet und wissen um die Wirkungsmacht der Bilder in den eigenen sozialen Praxen. Die zuweilen märchenhaft-cineastisch anmutenden Orte der ▶*Stadtnatur* bemühen sich derweil liebevoll um Besucher_innen unterschiedlicher Provenienz. Eine radikale Offenheit für alle sozialen Schichten und Herkünfte wird kombiniert mit Gastfreundschaft für nicht-menschliche Wesen: In eigens gebauten wilden Ecken, angelegten Bienenweiden und selbstgebauten Insektenhotels finden auch die Kleinsten unter ihnen sicheren und nahrungsreichen Unterschlupf. ●

⟶ *www.urban-gardening.eu*
⟶ *www.urbane-landwirtschaft.de*
⟶ *www.stadtacker.net*
⟶ *www.gartenpiraten.net*

Weltwissen

Das, was hierzulande DIY ist, ist anderswo simple Überlebenstechnik. Anleihen an Technologie und Handwerk aus Ländern des globalen Südens finden sich in vielen Projekten. Auf der Suche nach Lösungen für ihre Anliegen stoßen die Protagonisten dank Internet mitunter auch auf bewährte Vorbilder aus der sogenannten Dritten Welt; das Pumpenfahrrad im Leipziger Gemeinschaftsgarten Annalinde ist so ein Fall. Auch die Lastenfahrräder stammen aus dem Weltarchiv. Die mobilen Beete im Prinzessinnengarten sind von der Agricultura Urbana auf Kuba inspiriert (Nomadisch Grün 2011, S. 16), und bekanntlich experimentieren die Bewohner der Slums schon lange mit gemeinschaftlichem Gemüseanbau, Tetrapaks und Verpackungsmaterial, stellen Matten aus

T

U

Urbarmachung

U

Winter
↑

W

182

Plastiktüten oder Schuhe aus Gummistreifen her. In Bezug auf Recycling sind die Menschen in der Peripherie versiert, sie sind schon notgedrungen „Fachleute der Mangelwirtschaft" und geübt, aus wenig mehr zu machen. ●

Werkbox 3

Offene Werkstatt in der Münchener Kulturfabrik am Ostbahnhof. 500 m² große Halle, im Winter eiskalt, im Sommer perfekt. Bietet Platz für viele Gewerke (Siebdruck, Nähguerilla, Holzschneiderei, Urban Gardening), war schon Schauplatz mehrerer Lastenfahrradbau-Sessions. Hier vertragen sich gemeinschaftliche und private Nutzung, die Werkbox ist auch ein Coworking-Space für Handwerker: Man oder frau mietet sich eine Box, die es in drei (werkbox 3!) verschiedenen Größen gibt, um die privaten Utensilien und Artefakte einzuschließen, und erwirbt damit das Recht auf zeitlich unbegrenzte Werkstattnutzung (einschließlich der vorhandenen Maschinen: Kreissäge, Schleifmaschine, Schweißgeräte). ●

⟶ *www.werkbox3.de*

Zwischennutzung

Abrissimmobilien, Baulücken oder ▶*Brachflächen:* Zwischennutzungen sind häufig die einzige Möglichkeit, um in Großstädten an eine Freifläche oder an Räume zu kommen. Kommunen vermieten Flächen und leerstehende Gebäude vorübergehend und oft für wenig Geld, bis sich eine dauerhafte und gewinnbringende Nutzung abzeichnet. Medienkunstprojekte, Science Slams (unterhaltsame Forschungsvorträge für alle) oder ▶*Knit Nites* profitieren vom speziellen Charme der Lokalitäten im Transitstadium.

Für Gemeinschaftsgärten hingegen ist diese Form der Nutzung schwierig, da sie im Handumdrehen zu Habitaten für Mensch und Tier werden, die nach konstanter Präsenz verlangen. Waren viele Projekte zunächst euphorisiert von den temporären Nutzungsofferten — schließlich passen sie perfekt zum ▶*nomadischen Ansatz* —, ist man heute eher ernüchtert. Soziale Beziehungen sind eben nicht so mobil wie Container und Tetrapaks. Nur selten ziehen sie den Nomaden hinterher. Zwischennutzungen mögen der Aufwertung einer Fläche dienen; für Gemeinschaftsgärten sind langfristige Pachtverträge das Mittel der Wahl. ●

4

  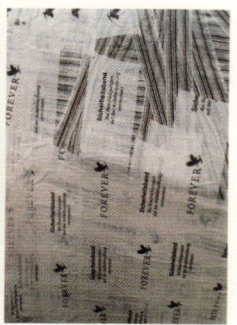

5

Schrottregatta

beim

Recycled Creativity Festival

Berlin

1 Teamname „Bürokratie"

2 Teamname „Polynesischer Kampfkatamaran (polynesischer KaKa)"

3 Funkhaus Grünau

4 Teamname „Düse"

5 Blick auf die Spree

Querbeet

Leipzig

1 Zum Geräteschuppen umfunktionierter Bauwagen, Birnbaum und Bank

2 Wimpel des Querbeet-Gemeinschaftsgartens

3 Eingang an der Hermann-Liebmann-Straße

4 Blick auf leerstehendes Industriegebäude gegenüber vom Garten

5 Elsa, Matilda und Raja mit der alten Gummi-Schildkröte

6 Eingangsbereich mit Bauwagen, Birnbaum und zum Sandkasten umfunktioniertem Erdloch

7 Ausblick und Eingang

8 Luise Schöpflin, Mitgründerin Querbeet

9 Leipziger Gartennetzwerktreffen im Querbeet zum Thema „Pädagogik im Garten"

10 Raja Alice, Tochter von Mitinitiatorin Luise Schöpflin

Epilog

Sommer 2012 im Leipziger Gemeinschaftsgarten Querbeet. Wir sitzen im Grünen, unweit einer stark befahrenen Straße im noch nicht gentrifizierten Osten der Stadt. Vor uns die Brandmauer des Nachbargebäudes. Die zerfallende Industriekulisse ist beeindruckend, hier prallen marode Bausubstanz, soziale Probleme, Ansätze ihrer Lösung und Pflanzenpracht aufeinander. An diesem Nachmittag entsteht die Idee: Wir sollten einen Fotoband herausgeben über diese neuartigen Orte mitten in der Stadt, die junge Akteure für ihre urbanen Experimente beanspruchen und mittels derer sie ihre höchst eigenen Kommentare zu (Stadt-)Gesellschaft und zukünftiger Stadtentwicklung abgeben. Denn die Bilder, die hier produziert werden, sprechen Bände. Sie künden von Collapse and Recovery, von Niedergang und Neuanfängen. Man kann hier sehen, wie der Glaube an moderne Mythen (Fortschritt, Wachstum, Industrie, Lohnarbeit) schwindet und die Individuen sich jenseits dieser Mythen neu orientieren und nach lokalen Lösungen in einer von globalen gesellschaftlichen Verwerfungen gezeichneten Welt suchen.
Die Projekte scheinen uns mit anderen Worten ein beredtes Zeugnis für eine um sich greifende Stimmung abzulegen.
Wir betrachten sie gleichsam als Seismographen für ein wachsendes Unbehagen angesichts der marktwirtschaftlichen Durchdringung tendenziell aller Lebensbereiche (Sandel 2012). Es ist kein Zufall, dass nach Gründung des Prinzessin-

nengartens 2009 in Berlin-Kreuzberg die Idee so viele Nachahmer fand. Inzwischen gibt es mobile Gemeinschaftsgärten in Berlin, Hamburg, Hannover, Wuppertal, Köln, Dortmund, Frankfurt, Leipzig, Bremen, Nürnberg und München. Weitere befinden sich in Gründung.

Aber nicht nur in Urban Gardening-Projekten stehen die genannten Themen auf der Tagesordnung, sondern auch in offenen Werkstätten, kollektiv betriebenen FabLabs, bei Tausch- oder Kunst-Events. Eine ganze Generation von Do-it-yourself-Aktivist_innen nutzt die post-fordistische Stadt als Labor für ihre sozialen, politischen, ökologischen und ästhetischen Unternehmungen. So verschieden die unterschiedlichen Räume anmuten, fallen die Parallelen etwa zwischen FabLabs und Gemeinschaftsgärten doch ins Auge: Beide beziehen sich in ähnlicher Weise auf die Stadt, beiden geht es ausgesprochen oder unausgesprochen darum, neue Commons zu schaffen. In beiden Projekttypen spielt Do it yourself als Praxis und Geisteshaltung eine zentrale Rolle, stehen Aktivitäten wie Teilen, Selbermachen, die Aneignung von handwerklichen Fähigkeiten, die Öffnung von Design und Schaltplänen, das Hacken von Dingen und von Räumen hoch im Kurs. Ein Gemeinschaftsgarten ist wie ein FabLab eine offene Werkstatt, nur unter freiem Himmel.

Do it yourself und Commoning gehen in diesen Projekten eine produktive Verbindung ein. Als pragmatische Konsum- und Kapitalismuskritik unterspült das DIY den gesellschaftlich zentralen Status des Konsumenten-Subjektes und das Commoning überkommene Vorstellungen von Besitz und Eigentum; die konkreten Tätigkeiten ermöglichen den Subjekten Selbstermächtigung, Selbstorganisation, Eigeninitiative. Und als von vielen geschaffene und betriebene offene Räume sind die neuen Gärten und Werkstätten bereits kollektive Gemeingüter, neue Commons.
Charakteristisch für die hier behandelten Projekte ist, dass sie konkrete Antworten geben: Um die kapitalistische Waren- und Verwertungslogik zu unterlaufen, werden Repair-Cafés veranstaltet. Um den Fleischverbrauch zu senken, wendet man sich der lokalen Gemüsevielfalt zu oder isst vegan. Um dem exkludierenden Ökonomismus einer Stadt der Investoren zu begegnen, werden offene Räume geschaffen. Es herrscht nicht Depression, sondern Aufbruchsstimmung.

Die DIY-Akteure sind mit Computer und Internet aufgewachsen. Ihre Sozialisation und (Selbst-)Erfahrung ist entsprechend geprägt. Sie haben ein spezifisches Welt- und Machbarkeitsverständnis entwickelt, das auch ihre Vorstellungen von Austausch, Kooperation und vor allem Intervention prägt. Die hier geltende Möglichkeitsvorstellung, bzw. die ihr zugrundeliegende Vorstellung der Interdependenz von Subjekt und Umgebung, bricht mit der klassisch modernen Subjekt-Objektunterscheidung. Sie ermöglicht neue Koalitionen mit Menschen, Pflanzen, Dingen; entsprechend gelingt es den neuen „Commonisten" deshalb nur partiell, an die überkommenen großen (z.B. politischen und wirtschaftlichen) Formen gesellschaftlicher Organisation anzuschließen und sich mit diesen zu arrangieren bzw. gar zu identifizieren. Dafür erwarten sie ein zu hohes Maß an Transparenz, sie wollen die Umgebungen, mit denen sie sich verbinden, weitgehend bis restlos verstehen, und stoßen bei den Großorganisationen der funktional differenzierten Gesellschaft auf eine opake und kompakte Macht, die ihnen unflexibel und borniert erscheint und die sie deshalb wenig interessiert. Anstatt sich kritisch an ihr abzuarbeiten, entwickeln sie eigene Organisationsformen, die Probleme auf andere Weise lösen.

Für die Commons-Praxis zentral ist die Besetzung und Neugestaltung von Orten und Räumen sowie die Infragestellung von Besitzzuschreibungen und Einhegungen. Weil die Akteure dabei Handwerk, Upcycling und das Teilen von Wissen und Entscheidungen als Methoden nutzen, verschwimmen die Kategorien DIY, Subsistenz und Commons-Praxis im Blickfeld unserer Beobachtungen; eins ist ohne das andere nicht denkbar. Das Selbermachen von Dingen, Gärtnern und Hacken sind Mittel der kollektiven Selbstermächtigung und der Reklamierung eines gemeinwohlorientierten Umgangs mit öffentlichen Gütern. Wir gebrauchen die Begriffe DIY bzw. DIT (Do it together) und Commons bisweilen synonym. Dies entspricht dem inneren Zusammenhang der neuen urbanen Subsistenzpraxen.

Die im Buch dokumentierten Projekte illustrieren einen Trend, d.h. sie stehen exemplarisch für viele andere. Die sich weltweit und vielerorts so oder ähnlich ausformende DIY-Praxis mit ihren je spezifischen Politiken, Ethiken und eigenen Demokratieregimen reflektiert wohl immer die lokalen Gegebenheiten. Das Geschick, mit dem sich das DIY/DIT immer wieder neu mit anderen und anderem konstruktiv verbindet, ist vielversprechend. DIY begreift die Welt als unabgeschlossenes und also auch zugängliches und formbares Projekt.

Die Idee, einen Teil des Buchs als Glossar zu organisieren, entstand im Dialog von Text, Bild und Gestaltung bzw. reflektiert die Beobachtung einer formalen Ähnlichkeit des materiellen und diskursiven Bestandes des DIY in verschiedenen Projekten. Das Glossar stellt den Versuch einer alphabetischen Inventarisierung dar: Kleine und große Dinge, Projekte, Räume, Ökologien, materielle Arrangements, Praxen, Körper,

Spezies, Sozialitäten, Politiken etc. werden ohne Privilegierung nacheinander betrachtet und beschrieben. Der Zugang des Glossars entspricht auch insofern der Praxis des DIY/DIT, als hier ein Mining, ein Suchen, Finden, Zusammenklauben und Neuarrangieren geschieht. Jeder Begriff eignet sich gleich gut als Einstieg. Die Lektüre von vorne nach hinten wird weder vorausgesetzt noch ist sie notwendig.
Das Glossar ist von verschiedenen Erzählungen durchzogen: Eine Erzählung schildert die zerstörerische Dynamik des globalen Kapitalismus auf verschiedene Ökologien der Welt, andere Erzählungen widmen sich den konstruktiven Antworten darauf. Es wäre aber verkürzt, wollte man die Projekte darauf reduzieren. Vielmehr sind sie als eigenwertige Zusammenhänge aufzufassen.

Die analoge Fotografie von Inga Kerber (Leipzig) sucht eigene künstlerische Zugänge zu den Projekten. Ihre mehreren Reproduktionsschritten unterworfene Fotografie berührt die gesehene Wirklichkeit der Projekte und „übersetzt" sie in einen Erfahrungsraum eigener Materialität und Komplexität: Es entsteht eine Fotografie des Klischees und eine eigene visuelle Phänomenologie der gesehenen Projekte. Ihr Bildessay wird ergänzt durch Einsichten in einen eigens zusammengetragenen Pool von Fotos aus den Projekten. Die Buchgestaltung von David Voss (Leipzig) vereint Fotos und Text und lässt den Band die Form eines Hybridbuchs annehmen.

Die Idee zum Buch entstand im Rahmen der Forschungstätigkeit der Stiftungsgemeinschaft anstiftung & ertomis, die mit vielen Akteuren des DIY und Urban Gardening in Netzwerken kooperiert und ihre Projekte fördert. Die Darstellung im Buch beruht auf z.T. langjährigen Kontakten zu Projekten des DIY, sie basiert auf (teilnehmender) Beobachtung, Interviews und der Analyse der Selbstdarstellungen der Projekte, z.B. im Internet.

Wir danken allen Protagonist_innen, vor allem auch den Fotograf_innen in den Projekten, die uns Einblicke in ihre Praxis gewährt haben. Ohne sie wäre das Buch nicht entstanden, ihnen ist es gewidmet.
Inga Kerber und David Voss danken wir für die konstruktive Zusammenarbeit.

Den Kolleg_innen aus der Stiftungsgemeinschaft anstiftung & ertomis danken wir für ihre engagierte Unterstützung.

München und Bielefeld,
April 2013

Andrea Baier ist Soziologin und wissenschaftliche Mitarbeiterin der *Stiftungsgemeinschaft anstiftung & ertomis*. Ihre Forschungsschwerpunkte sind Subsistenz, Regionalisierung, Nachhaltige Lebensstile sowie Urbane Landwirtschaft.

Christa Müller (Dr. rer. soc.) ist Soziologin und leitet die *Stiftungsgemeinschaft anstiftung & ertomis*. Sie forscht zu nachhaltigen Lebensstilen und neuen Wohlstandsmodellen.

Karin Werner (Dr. rer. soc.) ist Soziologin und wissenschaftliche Beraterin der *Stiftungsgemeinschaft anstiftung & ertomis*. Als eine der Verlegerinnen des transcript Verlags beobachtet sie neuere sozial- und kulturtheoretische Diskurse.

Bildnachweise

▶ *S. 39:* Fotos oben: Annalinde Leipzig, Fotos: Annalinde, unten: Allmende-Kontor Berlin, Foto: Kilian Müller

▶ *S. 40:* oben links: Foto: Gudrun Walesch, Dreier rechts: Open Design City Berlin, Fotos: Florian Fluse; unten: Bienenzüchterinnen in Berlin, Fotos: Matthias Walendy

▶ *S. 43:* oben: Allmende-Kontor, Foto: Karin Werner; unten: Bürgersteig im Leipziger Westen, Foto: Christa Müller

▶ *S. 43:* 3. v. oben links: Internationale Stadtteilgärten Hannover, Foto: Cornelia Suhan; 3. v. oben rechts: Frühbeet im Münchener o'pflanzt is, Foto: Christa Müller; alle anderen: Beete Allmende-Kontor, Fotos: Andrea Baier, Karin Werner

▶ *S. 44:* linke Spalte v. oben n. unten: o'pflanzt is, München, Foto: Linn Quante; Prinzessinnengarten Berlin, Foto: Christa Müller; Kräuterspirale im o'pflanzt is, Foto: Claus Eutin; re. oben: o'pflanzt is, unten: NeuLand Köln, Fotos: Christa Müller

▶ *S. 45:* oben links: Fahrende Gärten Kiel, Foto: Theresa Weinelt; alle anderen: o'pflanzt is und Allmende-Kontor, Fotos: Andrea Baier und Karin Werner

▶ *S. 47:* oben links: Annalinde, Foto: Roland Hempel; oben rechts: US-Bürgermeister im Prinzessinnengarten, Foto: Marco Clausen; alle anderen Fotos: Annalinde

▶ *S. 48:* oben links: Annalinde; oben rechts: Prinzessinnengarten, Foto: Christa Müller; Dreier links: Open Design City, Fotos: Florian Fluse; rechts Mitte: Repair-Café in der Dingfabrik Köln, Foto: Thorsten Schiller; unten rechts: Coworking-Space „Wostel", Berlin-Neukölln, Foto: Tom Hansing

▶ *S. 85:* Foto oben: Catering der Culinary Misfits, Foto: Culinary Misfits; unten: Wagen von Gärtner_innen des Allmende-Kontors beim Transgenialen Christopher Street Day 2012 in Berlin, beide Fotos: KD Grote

▶ *S. 87:* Fotos oben: Dingfabrik Köln, Foto links: Alexander Speckmann, rechts: Thorsten Schiller; Mitte: dOCUMENTA (13), Foto: Daniel Überall; unten: dOCUMENTA (13), Foto: Christa Müller

▶ *S. 88:* Ernten & Einkochen, Fotos: Annalinde

▶ *S. 90:* oben: Dachgarten einer Berliner Strategieagentur, Foto: Matthias Walendy; Mitte: 3D-Drucker im FabLab München, Foto: Tom Hansing; Foto unten: Fahrende Gärten

▶ *S. 92:* Party in Leipzig mit Pflanzen aus dem Annalinde-Garten, Fotos : Annalinde

▶ *S. 93:* Straße im Leipziger Westen, Foto: Christa Müller

▶ *S. 94:* Fotos oben: Gewächshäuser im Annalinde; Mitte: Gartendeck St. Pauli, Foto o. li: Maria v. Lenthe/© Gartendeck, u. re: Oliver Eckert/© Gartendeck, u. li.: Christa Müller; unten: Umzug des Berliner Nachbarschaftsgartens Rosa Rose, Foto: Susanne Quehenberger

▶ *S. 96:* Foto oben: Freestyle-Begrünung in München, Foto: Christa Müller; unten: Guerilla Gardening-Aktion in München, Foto: Green City e.V.

▶ *S. 97:* Prinzessinnengarten, Fotos: Christa Müller

▶ *S. 98:* Gartendinner Annalinde, Fotos: Christa Müller

▶ *S. 99:* Fotos oben: Annalinde; die vier unteren: Prinzessinnengarten, Fotos: Christa Müller

▶ *S. 152:* oben links: Strickmob auf dem Münchener Marienplatz, Foto: Green City e.V.; re: Foto: Himmelbeet; die beiden Strickinstallationen: Die Rausfrauen

▶ *S. 154:* Hochbeete im Allmende-Kontor, Gartendeck, NeuLand und Prinzessinnengarten, Fotos: Christa Müller

▶ *S. 155:* oben links und 2. von oben rechts: NeuLand Köln, Fotos: Stefano Chiolo; alle weiteren: o'pflanzt is (Linn Quante) und Annalinde

▶ *S. 156:* Insektenhotel im Prinzessinnengarten, Foto: Christa Müller; alle anderen: Interkulturelle Gärten in Berlin und Hannover, Fotos: Cornelia Suhan

▶ *S. 159:* oben: Die Gründer des Kartoffelkombinats in der Gärtnerei bei München, Foto: Christoph Gurk; Grafik: Kartoffelkombinat; unten links: Kleidertauschparty München, Fotos: Christa Müller; alle anderen Fotos: Annalinde

▶ *S. 161:* oben: Just Beer and Knitting, München, Fotos: Linn Quante; unten: Lastenfahrradbau in der Selbsthilfewerkstatt der Nachbarschaftsgärten Leipzig, Fotos: Juliana Klengel

▶ *S. 162:* oben: Annalinde; unten: Mobile Küche im Nachbarschaftsgarten Leipzig, Foto: Juliana Klengel

▶ *S. 163:* Kurz vor der Umwandlung einer Industriebrache in Köln-Kalk in einen Gemeinschaftsgarten, Foto: Pflanzstelle

▶ *S. 165* oben links: Dreh des Schweizer Fernsehens im o'pflanzt is, Foto: Christa Müller; unten: NeuLand Köln, Foto: Stefano Chiolo; Mitte: Mundräuber im Berliner Umland, Grafik und Foto: mundraub.org

▶ *S. 166:* Installation „Pale Blue Door" im Prinzessinnengarten, beide Fotos: Marco Clausen

▶ *S. 168:* Gemeinschaftsgarten o'pflanzt is, München, Foto oben links: o'pflanzt is, alle anderen Fotos: Christa Müller

▶ *S. 170:* oben: Container im Prinzessinnengarten, Foto: Christa Müller; Fotos Mitte: Pflanzstelle Köln; unten: Querbeet, Foto: Christa Müller

▶ *S. 172:* Fotos oben: Annalinde; Repair-Café in der Kölner Dingfabrik, Fotos: Thorsten Schiller; Reissäcke im Prinzessinnengarten und bei Annalinde, Fotos: Christa Müller; Dreier unten: Installationen und Fotos: Die Rausfrauen

▶ *S. 174:* Foto: o'pflanzt is

▶ *S. 175:* Nachbarschaftsgärten Leipzig: Alterssitz für zwei Hängebauchschweine, Foto: Christa Müller

▶ *S. 177:* Sommercamp Köln 2012, obere vier Fotos: Stefano Chiolo; untere drei Fotos: Christa Müller

▶ *S. 179:* oben: Prinzessinnengarten, Foto: Christa Müller; unten: Open Design City, Fotos: Florian Fluse

▶ *S. 180:* Foto: Annalinde

▶ *S. 181:* Fotos: Annalinde

▶ *S. 182:* Fotos Werkbox3: Stephanie Schmitz, Winterfoto: Annalinde

Literatur

Anderson, Chris (2013): Makers. Das Internet der Dinge: die nächste industrielle Revolution. München: Hanser.

Andrejevic, Mark (2011): Facebook als neue Produktionsweise. In: Leistert, Oliver/ Röhle, Theo (Hg.): a.a.O., ▶ S. 31-50.

Arendt, Hannah (1996): Vita activa oder Vom tätigen Leben. München: Piper.

Auerbach, Lisa Anne (2012): Don't do it yourself! In: Studienhefte Problemorientiertes Design | Heft 2. Hamburg: Adocs.

Ax, Christine (2009): Die Könnensgesellschaft. Mit guter Arbeit aus der Krise. Berlin: Rhombos-Verlag.

Baier, Andrea (2013): Zur Renaissance des Selbermachens – eine neue Form von Subsistenzorientierung? In: Netzwerk Vorsorgendes Wirtschaften (Hg.): Wege vorsorgenden Wirtschaftens. Weimar bei Marburg: Metropolis Verlag, ▶ S. 305-321.

Baier, Andrea (2012): Selbermachen statt Konsumieren. In: FORUM Wissenschaft 2/2012. Marburg: BdWi, ▶ S. 29-32.

Baier, Andrea/ Müller, Christa/ Werner, Karin (2007): Wovon Menschen leben. Arbeit, Engagement und Muße jenseits des Marktes. München: oekom.

Beck, Gerald/ Kropp, Cordula (Hg.) (2011): Gesellschaft innovativ. Wer sind die Akteure? Wiesbaden: VS Verlag für Sozialwissenschaften.

Bennholdt-Thomsen, Veronika (2010): Geld oder Leben. Was uns wirklich reich macht. München: oekom.

Boese, Daniel (2011): Wir sind jung und brauchen die Welt: Wie die Generation Facebook den Planeten rettet. München: oekom.

Bosshardt, David (2011): The Age of Less. Die neue Wohlstandsformel der westlichen Welt. Hamburg: Murmann.

Botsman, Rachel/ Rogers, Roo (2010): What's Mine is Yours. The Rise of Collaborative Consumption. New York: HarperCollins.

Braun, Christoph (2012): Hacken. Leben auf dem Land in der digitalen Gegenwart. Stuttgart: Klett-Cotta.

Bröckling, Ulrich/ Feustel, Robert (Hg.) (2010): Das Politische denken. Zeitgenössische Positionen. Bielefeld: transcript.

Butler, Judith (1991): Das Unbehagen der Geschlechter. Gender Studies. Frankfurt am Main: Suhrkamp.

Certeau, Michel de (1988): Kunst des Handelns. Berlin: Merve.

Clark, Andy (2008): Supersizing the Mind. Embodiment, Action, and Cognitive Extension. Oxford: Oxford University Press.

Critical Crafting Circle (Gaugele, Elke et al.) (Hg.) (2011): Craftista! - Handarbeit als Aktivismus. Mainz: Ventil-Verlag.

Dahm, Daniel/ Scherhorn, Gerhard (2008): Urbane Subsistenz. Die zweite Quelle des Wohlstands. München: oekom.

Dell, Christopher (2012): Die improvisierende Organisation. Management nach dem Ende der Planbarkeit. Bielefeld: transcript.

Descola, Philippe (2011): Jenseits von Natur und Kultur. Berlin: Suhrkamp.

Dörfler, Thomas (2010): Gentrification in Prenzlauer Berg? Milieuwandel eines Berliner Sozialraums seit 1989. Bielefeld: transcript.

Ehrenberg, Alain (2008): Das erschöpfte Selbst: Depression und Gesellschaft in der Gegenwart. Frankfurt am Main: Suhrkamp.

Fischer-Lichte, Erika (2012): Performativität. Eine Einführung. Bielefeld: transcript.

Friebe, Holm/ Ramge, Thomas (2008): Marke Eigenbau. Der Aufstand der Massen gegen den Massenkonsum. Frankfurt/New York: Campus.

Glasze, Georg/ Mattissek, Annika (Hg.) (2009): Handbuch Diskurs und Raum. Theorien und Methoden für die Humangeographie sowie die sozial- und kulturwissenschaftliche Raumforschung. Bielefeld: transcript.

Graeber, David (2012): Schulden. Die ersten 5000 Jahre. Stuttgart: Klett-Cotta.

Gronemeyer, Marianne (2012): Wer arbeitet, sündigt… Ein Plädoyer für gute Arbeit. Darmstadt: Primus.

Han, Byung-Chul (2010): Müdigkeitsgesellschaft. Berlin: Matthes & Seitz.

Hardt, Michael/ Negri, Antonio (2002): Empire. Die neue Weltordnung. Frankfurt/ New York: Campus.

Hartmann, Katrin (2012): Wir müssen leider draußen bleiben. Die neue Armut in der Konsumgesellschaft. München: Blessing.

Heath, Joseph/ Potter, Andrew (2005): Konsumrebellen. Der Mythos der Gegenkultur. Frankfurt am Main: Zweitausendeins.

Heinberg, Richard (2010): Peak Everything: Waking Up to the Century of Declines. Gabriola Island: New Society Publishers.

Heinberg, Richard (2003): The Party's Over: Oil, War, and the Fate of Industrial Society. Gabriola Island: New Society Publishers.

Heinrichs, Harald/ Grunenberg, Heiko (2012): Sharing Economy – Auf dem Weg in eine neue Konsumkultur? Leuphana Universität Lüneburg.

Helfrich, Silke/ Heinrich-Böll-Stiftung (Hg.) (2012): Commons. Für eine neue Politik jenseits von Markt und Staat. Bielefeld: transcript.

Helfrich, Silke/ Bollier, David: Commons als transformative Kraft. Zur Einführung. In: Silke Helfrich/Heinrich-Böll-Stiftung (Hg.): a.a.O., ▶ S. 15-23.

Holm, Andrej (2010): Wir bleiben alle! Gentrifizierung – Städtische Konflikte um Aufwertung und Verdrängung. Münster: Unrast-Verlag.

Illouz, Eva (2006): Gefühle in Zeiten des Kapitalismus. Frankfurt am Main: Suhrkamp.

Ingrisch, Doris (2012): Pionierinnen und Pioniere der Spätmoderne. Künstlerische Lebens- und Arbeitsformen als Inspirationen für ein neues Denken. Bielefeld: transcript.

Kälber, Daniela (2011): Lebendige Gärten. Urbane Landwirtschaft in Kuba zwischen Eigenmacht und angeleiteter Selbstversorgung. Frankfurt am Main: Peter Lang.

Kirchhoff, Thomas/ Vicenzotti, Vera/ Voigt, Annette (Hg.) (2012): Sehnsucht nach Natur. Über den Drang nach draußen in der heutigen Freizeitkultur. Bielefeld: transcript.

Koever, Chris (2009): An der Nadel. In: ZEIT Campus 01/2009.

Krasny, Elke/ Architekturzentrum Wien (Hg.) (2012): Hands-on Urbanism 1850-2012. Vom Recht auf Grün. Wien: Turia+Kant.

Kraushaar, Wolfgang (2012): Der Aufruhr der Ausgebildeten. Vom Arabischen Frühling zur Occupy-Bewegung. Hamburg: Hamburger Edition.

Latour, Bruno (2010): Das Parlament der Dinge. Für eine politische Ökologie. Frankfurt am Main: Suhrkamp.

Leismann, Kristin/ Schmitt, Martina/ Rohn, Holger/ Baedeker, Carolin (2012): Nutzen statt Besitzen - Auf dem Weg zu einer ressourcenschonenden Konsumkultur. Schriften zur Ökologie, Band 27: Berlin: Heinrich-Böll-Stiftung.

Leistert, Oliver/ Röhle, Theo (Hg.) (2011): Generation Facebook. Über das Leben im Social Net. Bielefeld: transcript.

Lemke, Harald (2012): Politik des Essens. Wovon die Welt morgen lebt. Bielefeld: transcript.

Lessenich, Stephan (2008): Die Neuerfindung des Sozialen. Der Sozialstaat im flexiblen Kapitalismus. Bielefeld: transcript.

Liberti, Stefano (2012): Landraub. Reisen ins Reich des neuen Kolonialismus. Berlin: Rotbuch.

Lovink, Geert (2012): Das halbwegs Soziale. Eine Kritik der Vernetzungskultur. Bielefeld: transcript.

Marquardt, Nadine/ Schreiber, Verena (Hg.) (2012): Ortsregister. Ein Glossar zu Räumen der Gegenwart. Bielefeld: transcript.

Miegel, Meinhardt (2010): Exit. Wohlstand ohne Wachstum. Berlin: Propyläen.

Miller, Daniel (2012): Das wilde Netzwerk. Ein ethnologischer Blick auf Facebook. Berlin: Suhrkamp.

Mitscherlich, Alexander (1999): Die Unwirtlichkeit unserer Städte: Anstiftung zum Unfrieden. Frankfurt am Main: Suhrkamp.

Montgomery, David R. (2010): Dreck. Warum unsere Zivilisation den Boden unter den Füßen verliert. München: oekom.

Mörtenböck, Peter/ Mooshammer, Helge (2012): Occupy. Räume des Protests. Bielefeld: transcript.

Müller, Christa (Hg.) (2011): Urban Gardening. Über die Rückkehr der Gärten in die Stadt. München: oekom.

Müller, Christa (2002): Wurzeln schlagen in der Fremde. Die Internationalen Gärten und ihre Bedeutung für Integrationsprozesse. München: oekom.

Nomadisch Grün (Hg.) (2012): Prinzessinnengärten. Anders gärtnern in der Stadt. Köln: DuMont.

Orangotango (2012): Handbuch Kollektives Kritisches Kartieren. Ein Wegweiser für gemeinschaftliche Betrachtung der Veränderung unserer Territorien des Alltags. Berlin: Eigenverlag.

Ostrom, Elinor (1990): Governing the Commons. The Evolution of Institutions for Collective Action. Cambridge: Cambridge University Press.

Paech, Niko (2012): Befreiung vom Überfluss. Auf dem Weg in die Postwachstumsökonomie. München: oekom.

Palfrey, John/ Gasser, Urs (2008): Generation Internet. Die Digital Natives: Wie sie leben – Was sie denken – Wie sie arbeiten. München: Hanser.

Pallasmaa, Juhani (2009): The Thinking Hand. Existential and Embodied Wisdom in Architecture. Chichester: Wiley.

Plaß, Claudia (2012): Beton oder Backstein – Wem gehört die Stadt? Radiosendung vom 05.11.2012, NDR Info – Das Forum.
▶ *www.ndr.de/info/programm/sendungen/forum/forum3657.pdf*

Plöger, Peter (2011): Einfach ein gutes Leben. Aufbruch in eine neue Gesellschaft. München: Hanser.

Polanyi, Karl (1978) (1944): The Great Transformation. Politische und ökonomische Ursprünge von Gesellschaften und Wirtschaftssystemen. Frankfurt am Main: Suhrkamp.

Rasper, Martin (2012): Vom Gärtnern in der Stadt. Die neue Landlust zwischen Beton und Asphalt. München: oekom.

Reckwitz, Andreas (2012): Die Erfindung der Kreativität. Zum Prozess gesellschaftlicher Ästhetisierung. Berlin: Suhrkamp.

Reckwitz, Andreas (2008): Subjekt. Einsichten. Themen der Soziologie. Bielefeld: transcript.

Reichholf, Josef H. (2007): Stadtnatur. Eine neue Heimat für Tiere und Pflanzen. München: oekom.

Rifkin, Jeremy (2000): Access. Das Verschwinden des Eigentums. Campus: Frankfurt/New York.

Rosa, Hartmut (2005): Beschleunigung. Die Veränderung der Zeitstrukturen in der Moderne. Frankfurt am Main: Suhrkamp.

Sandel, Michael J. (2012): Was man für Geld nicht kaufen kann. Die moralischen Grenzen des Marktes. Berlin: Ullstein.

Sassen, Saskia (2011): Das minimalistische Facebook. Netzwerkfähigkeit in größeren Ökologien. In: Leistert, Oliver/ Röhle, Theo: a.a.O., ▶ *S. 249-252.*

Serres, Michel (1993): Die fünf Sinne. Eine Philosophie der Gemenge und Gemische. Frankfurt am Main: Suhrkamp.

Scheub, Ute/ Pieplow, Haiko/ Schmidt, Hans-Peter (2013): Terra Preta. Die schwarze Revolution aus dem Regenwald (Hg.: Stiftungsgemeinschaft anstiftung & ertomis). München: oekom.

Schor, Juliet B. (2010): Plenitude: The New Economics of True Wealth. New York: Penguin Press.

Seidl, Irmi/Zahrnt, Angelika (Hg.) (2010): Postwachstumsgesellschaft. Konzepte für die Zukunft, Marburg: Metropolis.

Sennett, Richard (2012): Zusammenarbeit. Was unsere Gesellschaft zusammenhält. Berlin: Hanser.

Sennett, Richard (2009): Handwerk. Berlin: Berlin Verlag.

Shiva, Vandana (2005): Earth Democracy: Justice, Sustainability, and Peace. Cambridge: South End Press.

Springer, Johannes/ Dören, Thomas (Hg.) (2013): Draußen. Zum neuen Naturbezug in der Popkultur der Gegenwart. Bielefeld: transcript.

Steel, Carolyn (2009): Hungry City. How Food shapes our lives. London: Vintage Books.

Turkle, Sherry (2012): Verloren unter 100 Freunden. Wie wir in der digitalen Welt seelisch verkümmern. München: Riemann.

Twickel, Christoph (2010): Gentrifidingsbums oder eine Stadt für alle. Hamburg: Edition Nautilus.

Weber, Max (2004/1903): Die protestantische Ethik und der Geist des Kapitalismus. Vollständige Ausgabe (Hg. von Dirk Kaesler). München: CH Beck.

Welzer, Harald (2011): Mentale Infrastrukturen. Wie das Wachstum in die Welt und in die Seelen kam. Schriften zur Ökologie, Band 14. Berlin: Heinrich-Böll-Stiftung.

Welzer, Harald/ Rammler, Stephan (Hg.) (2012): Der FUTURZWEI Zukunftsalmanach 2013. Geschichten vom guten Umgang mit der Welt. Frankfurt am Main: Fischer.

Werlhof, Claudia von/ Bennholdt-Thomsen, Veronika/ Faraclas, Nicholas (2003): Subsistenz und Widerstand. Alternativen zur Globalisierung. Wien: promedia.

Werner, Karin (2011): Eigensinnige Beheimatungen. Gemeinschaftsgärten als Orte des Widerstandes gegen die neoliberale Ordnung. In: Müller, Christa (Hg.): a.a.O., ▶ *S. 54-75.*

workstation ideenwerkstatt berlin (Hg.) (2012): Von Grasmöbel, 1EJobs und anderem. Ein Portrait der workstation ideenwerkstatt berlin e.V. Neu-Ulm: AG SPAK Bücher.

Ziemer, Gesa (2013): Komplizenschaft. Neue Perspektiven auf Kollektivität. Bielefeld: transcript.

Bibliografische Information der
Deutschen Nationalbibliothek

Die Deutsche Nationalbibliothek verzeichnet diese Publikation in der Deutschen Nationalbibliografie; detaillierte bibliografische Daten sind im Internet über *http://dnb.d-nb.de* abrufbar.

© 2013 transcript Verlag, Bielefeld

Die Verwertung der Texte und Bilder ist ohne Zustimmung des Verlages urheberrechtswidrig und strafbar. Das gilt auch für Vervielfältigungen, Übersetzungen, Mikroverfilmungen und für die Verarbeitung mit elektronischen Systemen.

ISBN 978-3-8376-2367-3

Besuchen Sie uns im Internet:
www.transcript-verlag.de

Bitte fordern Sie unser Gesamtverzeichnis und andere Broschüren an unter:
info@transcript-verlag.de

Fotos (Bildstrecken): **Inga Kerber,** Leipzig
Gestaltung: **David Voss,** Leipzig
Lithografie: **Joscha Bruckert,** Leipzig
Druck: **Pöge,** Leipzig

Gedruckt auf alterungsbeständigem Papier mit chlorfrei gebleichtem Zellstoff.

Dieser Band entstand im Rahmen der Forschungsarbeit der